LA COMTESSE DE CHARNY

PAR

ALEXANDRE DUMAS.

7

PARIS
ALEXANDRE CADOT, ÉDITEUR,
37, RUE SERPENTE.

1853

LA COMTESSE DE CHARNY.

Ouvrages de Xavier de Montépin.

Les Oiseaux de Nuit	3 vol.
Le Vicomte Raphaël	5 vol.
Mignonne	3 vol.
Brelan de Dames	4 vol.
Le Loup noir	2 vol.
Confessions d'un Bohême	5 vol.
Les Amours d'un Fou	4 vol.
Pivoine	2 vol.
Les Viveurs d'autrefois	4 vol.
Les Chevaliers du Lansquenet	10 vol.

Sous presse.

Mademoiselle Kérovan.

Ouvrages de G. de La Landelle.

Falkar le Rouge	5 vol.
Le Morne aux Serpents	2 vol.
Les Iles de Glace	4 vol.
Une Haine à Bord	2 vol.
Les Princes d'Ébène	5 vol.

Ouvrages d'Alexandre Dumas fils.

Tristan le Roux	3 vol.
La Dame aux camélias	1 vol.
Aventures de quatre femmes	6 vol.
Le docteur Servans	2 vol.
Le Roman d'une femme	4 vol.
Césarine	1 vol.

Sous presse.

Les Amours véritables.

Impr. de E. Dépée, à Sceaux (Seine).

LA COMTESSE
DE CHARNY

PAR

ALEXANDRE DUMAS.

7

PARIS
ALEXANDRE CADOT, ÉDITEUR,
37, RUE SERPENTE.

1853
1852

La grande trahison de M. de Mirabeau.

On se rappelle ces dernières paroles de Mirabeau à la reine au moment où, le quittant, à Saint-Cloud, elle lui donna sa main à baiser :

— Par ce baiser, madame, la monarchie est sauvée !

Cette promesse, faite par Prométhée à Junon près d'être détrônée, il s'agissait de la réaliser.

Mirabeau avait commencé la lutte confiant dans sa force, ne songeant pas qu'après trois imprudences et trois complots avortés, on le conviait à une lutte impossible.

Peut-être Mirabeau, — et c'eût été plus prudent, — eût-il combattu quelque temps encore sous l'abri du masque; mais, le surlendemain du jour où il avait été reçu par la reine, en se rendant à l'Assemblée, il vit des groupes, et entendit des cris.

Il s'approcha de ces groupes, et s'informa de la cause de ces cris.

On se passait de petites brochures.

Puis, de temps en temps, une voix criait :

— La *Grande trahison de M. de Mirabeau!* la *Grande trahison de M. de Mirabeau!*

— Ah! ah! dit-il en tirant de sa poche une pièce de monnaie, il me semble que cela me regarde. — Mon ami, continua-t-il, s'adressant au colporteur qui distribuait la brochure, et qui en avait plusieurs milliers dans des paniers qu'un âne portait tranquillement là où il lui plaisait de transporter sa boutique, — combien la *Grande trahison de M. de Mirabeau?*

Le colporteur regarda Mirabeau en face.

— Monsieur le comte, dit-il, je la donne pour rien.

Puis, plus bas, il ajouta :

— Et la brochure est tirée à cent mille !

Mirabeau s'éloigna pensif.

Cette brochure tirée à cent mille !

Cette brochure qu'on donnait pour rien !

Ce colporteur qui le connaissait !

Mais, sans doute, la brochure était-elle une de ces publications stupides ou haineuses, comme il en paraissait par milliers à cette époque.

L'excès de la haine ou l'excès de l'ineptie lui ôtait tout son danger, lui enlevait toute sa valeur.

Mirabeau jeta les yeux sur la première page, et pâlit.

La première page contenait la nomenclature des dettes de Mirabeau, et, — chose étrange! — cette nomenclature était exacte.

Deux cent huit mille francs!

Au-dessous de cette nomenclature était la date du jour où cette somme avait été payée aux différents créanciers de Mirabeau par l'aumônier de la reine, M. de Fontanges.

Puis venait le chiffre de la somme que la cour lui payait par mois : six mille francs !

Puis, enfin, le récit de son entrevue avec la reine.

C'était à n'y rien comprendre : le pamphlétaire anonyme ne s'était pas trompé d'un mot.

Quel ennemi terrible, mystérieux, plein de secrets inouïs, le poursuivait ainsi, ou plutôt poursuivait en lui la monarchie ?

Ce colporteur qui lui avait parlé, qui l'avait reconnu, qui l'avait appelé *monsieur le comte,* il semblait à Mirabeau que sa figure ne lui était pas étrangère.

Il revint sur ses pas.

L'âne était toujours là, avec ses paniers aux trois quarts vides ; mais le premier colporteur avait disparu : un autre avait pris sa place.

Celui-là était tout à fait inconnu à Mirabeau.

Il n'en poursuivait pas sa distribution avec moins d'acharnement.

Le hasard fit qu'au moment de cette distribution, le docteur Gilbert, qui assistait presque tous les jours aux débats de l'Assemblée, surtout lorsque ces débats avaient quelque importance, passa sur la place où stationnait le colporteur.

Peut-être n'allait-il point, préoccupé et rêveur, s'arrêter à ce bruit et à ces groupes; mais, avec son audace habituelle, Mirabeau alla droit à lui, le prit par le bras, et le conduisit en face du distributeur de brochures.

Celui-ci fit pour Gilbert ce qu'il faisait pour les autres, c'est-à-dire qu'il étendit la main vers lui en disant :

— Citoyen, la *Grande trahison de M. de Mirabeau!*

Mais, à la vue de Gilbert, sa langue

et son bras s'arrêtèrent comme paralysés.

Gilbert le regarda à son tour, laissa tomber avec dégoût la brochure, et s'éloigna en disant :

— Vilain métier que celui que vous faites-là, monsieur Beausire !

Et, prenant le bras de Mirabeau, il continua sa route vers l'Assemblée, qui avait quitté l'Archevêché pour le Manège.

— Connaissez-vous donc cet homme ? demanda Mirabeau à Gilbert.

— Je le connais comme on connaît ces gens-là, dit Gilbert ; c'est un ancien exempt, un joueur, un escroc. Il s'est fait calomniateur, ne sachant plus que faire !

— Ah ! murmura Mirabeau en mettant la main sur la place où avait été son cœur, et où il n'y avait plus qu'un portefeuille contenant l'argent du château, s'il calomniait !

Et, sombre, le grand orateur continua son chemin.

— Comment, dit Gilbert, seriez-vous si peu philosophe que de vous laisser abattre pour une pareille attaque?

— Moi? s'écria Mirabeau ; ah ! docteur vous ne me connaissez pas !... Ah ! ils disent que je suis vendu, quand ils devraient simplement dire que je suis payé ! Eh bien, demain; j'achète un hôtel; demain, je prends voiture, chevaux, domestiques ; demain, j'ai un cuisinier et je tiens table ouverte... Abattu, moi? Eh ! que m'importe la popularité d'hier et l'impopularité d'aujourd'hui? Est-ce que je n'ai pas l'avenir?... Non, docteur, ce qui m'abat, c'est une promesse donnée que je ne pourrai probablement tenir ; ce sont les fautes, je dirai mieux les trahisons de la cour à mon égard. J'ai vu la reine, n'est-ce pas? elle paraissait pleine de confiance en moi ; un instant, j'ai rêvé, — rêve insensé, avec une pareille femme ! — un instant, j'ai rêvé, non pas d'être le ministre d'un roi, comme Richelieu, mais le ministre, disons mieux, l'amant d'une reine, comme Mazarin, et la politique du monde ne s'en fût pas plus mal trouvée! Eh bien, que faisait-elle? le même jour, en me quittant, j'en ai la preuve, elle écrivait à son agent en Allemagne, à M. de Flaschlauden : » Dites à mon frère Léopold que je suis son conseil, que je me sers de M. de Mirabeau, mais qu'il n'y a rien de sérieux dans mes rapports avec lui. »

— Vous êtes sûr? dit Gilbert.

— Sûr! matériellement sûr! Ce n'est pas tout : aujourd'hui, vous savez de quoi il va être question à la Chambre?

— Je sais qu'il va être question de guerre, mais je suis mal renseigné sur la cause de cette guerre.

— Oh ! mon Dieu ! dit Mirabeau, c'est bien simple. L'Europe entière, scindée en deux parties, — Autriche et Russie d'un côté, Angleterre et Prusse de l'autre, — gravitent vers une même haine, la haine de la révolution. Pour la Russie et pour l'Autriche, la manifestation n'est pas difficile ; c'est celle de leur opinion propre ; mais, à la libérale Angleterre, à la philosophique Prusse, il faut du temps pour se décider, pour passer d'un pôle à l'autre, s'abjurer, se renier, avouer qu'elles sont ce qu'elles sont, — des ennemies de la Liberté. L'Angleterre, pour sa part, a vu le Brabant tendre la main à la France ; cela a hâté sa décision. Notre révolution, mon cher docteur, est vivace, contagieuse ; c'est plus qu'une révolution nationale, c'est une révolution humaine. L'Irlandais Burke, un élève des jésuites de Saint-Omer, ennemi acharné de M. Pitt, vient de lancer contre la France un manifeste qui lui a été payé en bel et bon or par M. Pitt..... L'Angleterre ne fait pas la guerre à la France ; non, elle n'ose pas encore ; mais elle abandonne la Belgique à l'empereur Léopold, et elle va au bout du monde chercher querelle à notre alliée l'Espagne. Or, Louis XVI a fait savoir hier à l'Assemblée qu'il armait quatorze vaisseaux. — Là-dessus, grande discussion aujourd'hui à l'Assemblée.— A qui appartient l'initiative de la guerre? voilà la question. Le roi a déjà perdu l'intérieur; le roi a déjà perdu la justice ; s'il perd encore la guerre, que lui restera-t-il ? D'un autre côté,—abordons franchement ici, de vous à moi, mon cher docteur, le point qu'on n'ose pas aborder à la chambre; — d'un autre côté, le roi est suspect ; la révolution ne s'est faite jusqu'à présent, — et j'y ai plus contribué que personne, je m'en vante !—la révolution ne s'est faite qu'en brisant l'épée dans la main du roi. De tous les pouvoirs, le plus dangereux à lui laisser, c'est assurément la guerre ; eh bien, moi, fidèle à la promesse faite, je vais demander qu'on lui laisse ce pouvoir ; je vais risquer ma popularité, ma vie peut-être en soutenant cette demande ; je vais faire adopter un décret qui rendra le roi victorieux, triomphant.

Or, que fait le roi, à cette heure ? il fait chercher par le garde des sceaux, aux archives du parlement, les vieilles formules de protestation contre les États-Généraux, sans doute pour rédiger une protestation secrète contre l'Assemblée. Ah ! voilà le malheur, mon cher Gilbert, on fait trop de choses secrètes, et pas assez de choses franches, publiques, à visage découvert ! Et voilà pourquoi je veux, moi, Mirabeau, entendez-vous ? voilà pourquoi je veux qu'on sache que je suis au roi et à la reine, puisque j'y suis. Vous me disiez que cette infamie dirigée contre moi me troublait ; non pas, docteur, elle me sert : il me faut, à moi, ce qu'il faut aux orages pour éclater, des nuages sombres et des vents contraires. Venez, venez, docteur, et vous allez voir une belle séance, je vous en réponds !

Mirabeau ne mentait pas, et, dès son entrée au Manège, il eut à faire preuve de courage ; chacun lui criait au nez : « Trahison ! » et l'un lui montrait une corde, l'autre un pistolet.

Mirabeau haussa les épaules, et passa, comme Jean-Bart, écartant avec les coudes ceux qui se trouvaient sur son chemin.

Les vociférations le suivirent jusque dans la salle, et semblèrent y éveiller des vociférations nouvelles. A peine parut-il, que cent voix s'écrièrent : « Ah !

le voilà, le traître! l'orateur renégat! l'homme vendu! »

Barnave était à la tribune; il parlait contre Mirabeau;—Mirabeau le regarda fixement.

— Eh bien, oui, dit Barnave, c'est toi qu'on appelle traître, et c'est contre toi que je parle!

— Alors, répondit Mirabeau, si c'est contre moi que tu parles, je puis aller faire un tour aux Tuileries, et j'aurai le temps de revenir avant que tu aies fini!

Et, effectivement, la tête haute, l'œil menaçant, il sortit au milieu des huées, des imprécations, des menaces, gagna la terrasse des Feuillants, et descendit dans les Tuileries.

Au tiers à peu près de la grande allée, une jeune femme tenant à la main une branche de verveine dont elle respirait le parfum, réunissait un cercle autour d'elle.

Une place était libre à sa gauche. Mirabeau prit une chaise, et vint s'asseoir à ses côtés.

La moitié de ceux qui l'entouraient se levèrent et partirent.

Mirabeau les regarda s'éloigner en souriant.

La jeune femme lui tendit la main.

— Ah! baronne, dit-il, vous n'avez donc pas peur de gagner la peste?

— Mon cher comte, répondit la jeune femme, on assure que vous penchez de notre côté... je vous tire à nous.

Mirabeau s'assit et causa trois quarts d'heure avec la jeune femme, qui n'était autre qu'Anne-Louise-Germaine Necker, baronne de Staël.

Puis, au bout des trois quarts d'heure, tirant sa montre :

— Ah ! dit-il, baronne, je vous demande pardon... Barnave parlait contre moi ; il y avait une heure qu'il parlait quand je suis sorti de l'Assemblée ; il y a près de trois quarts d'heure que j'ai le bonheur de causer avec vous ; il y a donc tantôt deux heures que mon accusateur parle ; — son discours doit tirer à sa fin, il faut que je lui réponde.

— Allez ! dit la baronne, répondez, et bon courage !

— Donnez-moi cette branche de verveine, baronne, dit Mirabeau, elle me servira de talisman.

— La verveine, prenez-y garde, mon cher comte, est l'arbre des libations funèbres.

— Donnez toujours... il est bon d'être couronné comme un martyr, quand on descend dans le cirque.

— Le fait est, dit madame de Staël, qu'il est difficile d'être plus bête que l'Assemblée nationale d'hier.

— Ah ! baronne, répondit Mirabeau, pourquoi dater?...

Et prenant de ses mains la branche de verveine qu'elle lui offrait, sans doute en récompense de ce mot, Mirabeau salua galamment, monta l'escalier qui conduisait à la terrasse des Feuillants, et regagna l'Assemblée.

Barnave descendait de la tribune au milieu des acclamations de toute la salle. Il venait de prononcer un de ces discours filandreux qui vont bien à tous les partis.

A peine vit-on Mirabeau à la tribune, qu'un tonnerre de cris et d'imprécations éclata contre lui.

Mais lui, levant sa main puissante, attendit, et profitant d'un de ces intervalles de silence comme il y en a dans les orages et dans les émeutes :

— Je savais bien, cria-t-il, qu'il n'y avait pas loin de la roche Tarpéienne au Capitole !

Telle est la majesté du génie, que ce mot imposa silence aux plus acharnés.

Du moment où Mirabeau avait conquis le silence, c'était victoire à demi gagnée. — Il demanda que l'initiative de la guerre fût donnée au roi; c'était demander trop, on refusa. Alors, la lutte s'établit sur les amendements ; la charge principale avait été repoussée ; il fallait reconquérir le terrain par des charges partielles.

Il remonta cinq fois à la tribune. Barnave avait parlé deux heures; — pendant trois heures, à plusieurs reprises, Mirabeau parla.

Enfin, il obtint ceci :

Que le roi avait le droit de *faire les préparatifs*, de *diriger les forces* comme il voulait; qu'il *proposait la guerre* à l'Assemblée, laquelle ne décidait rien qui ne fût *sanctionné* par le roi.

Que n'eût-il pas obtenu sans cette petite brochure distribuée gratis par ce colporteur inconnu d'abord, et ensuite par M. de Beausire, et qui, ainsi que nous l'avons dit, était intitulée : *Grande trahison de M. de Mirabeau !*

Au sortir de la séance, Mirabeau faillit être mis en pièces.

En échange, Barnave fut porté en triomphe par le peuple.

Pauvre Barnave ! le jour n'est pas loin où tu entendras crier à ton tour :

— Grande trahison de M. Barnave !...

II

L'Elixir de vie.

Mirabeau sortit de l'Assemblée, l'œil fier et la tête haute; tant qu'il se trouvait en face du danger, le rude athlète ne pensait qu'au danger et non à ses forces.

Il en était de lui comme du maréchal de Saxe à la bataille de Fontenoy : exténué, malade, toute la journée il resta à cheval, plus ferme que le plus vaillant gendarme de son armée; mais, quand l'armée anglaise fut rompue, quand la dernière fumée du dernier coup de canon salua la fuite des Anglais, il se laissa glisser mourant sur le champ de bataille qu'il venait de conquérir.

Il en fut de même de Mirabeau.

En rentrant chez lui, il se coucha à terre sur des coussins, au milieu des fleurs.

Mirabeau avait deux passions, les femmes et les fleurs.

Depuis le commencement de la session, d'ailleurs, sa santé s'altérait visiblement. Quoique né avec un tempérament vigoureux, il avait tant souffert, au physique et au moral, de ses persécutions et de ses emprisonnements, qu'il n'était jamais dans un état de santé parfaite.

Tant que l'homme est jeune, tous ses organes, soumis à sa volonté, prêts à obéir au premier commandement que leur communique le cerveau, agissent en quelque sorte simultanément, et sans opposition aucune, au désir qui les meut; mais, au fur et à mesure que l'homme avance en âge, chaque organe, — comme un domestique qui obéit encore, mais qu'un long service a gâté, — chaque organe fait, si l'on peut dire, ses observations, et ce n'est plus sans fatigue et sans lutte que l'on parvient à en avoir raison.

Mirabeau en était à cet âge de la vie. — Pour que ses organes continuassent de le servir avec la promptitude à laquelle il était accoutumé, il lui fallait se fâcher, et la colère seule avait raison de ses serviteurs lassés et endoloris.

Cette fois, il sentait en lui quelque chose de plus grave que d'habitude, et il ne résistait que faiblement à son laquais qui parlait d'aller chercher un médecin, lorsque le docteur Gilbert sonna et fut introduit près de lui.

Mirabeau tendit la main au docteur, et l'attira sur les coussins où il était couché au milieu des feuilles et des fleurs.

— Eh bien, mon cher comte, lui dit Gilbert, je n'ai pas voulu rentrer chez moi sans vous féliciter. Vous m'aviez promis une victoire, vous avez remporté mieux que cela : vous avez remporté un triomphe !

— Oui, mais vous le voyez, c'est un triomphe, c'est une victoire dans le genre de celle de Pyrrhus... Encore une victoire comme celle-là, docteur, et je suis perdu !

Gilbert regarda Mirabeau.

— En effet, dit-il, vous êtes malade.

Mirabeau haussa les épaules.

— C'est-à-dire qu'au métier que je fais, un autre que moi serait déjà mort cent fois, dit-il. J'ai deux secrétaires : ils sont tous les deux sur les dents, Pellinc surtout, qui est chargé de recopier les brouillons de mon infâme écriture, et duquel je ne puis pas me passer, parce que lui seul peut me lire et me comprendre, Pellinc est au lit depuis trois jours ! Docteur, indiquez-moi donc, je ne dirai pas quelque chose qui me fasse vivre, mais quelque chose qui me donne de la force tant que je vivrai.

— Que voulez-vous, dit Gilbert, après avoir tâté le pouls du malade, il n'y a pas de conseils à donner à une organisation comme la vôtre. Conseillez donc le repos à un homme qui puise sa force surtout dans le mouvement ; la tempérance à un génie qui grandit au milieu des excès ! Que je vous dise d'enlever de votre chambre ces fleurs et ces plantes, qui dégagent de l'oxigène le jour, et du carbone la nuit ; vous vous êtes fait une nécessité des fleurs, et vous souffririez plus de leur absence que vous ne souffrez de leur présence. Que je vous dise de traiter les femmes comme les fleurs, et de les éloigner, la nuit surtout ; vous me répondrez que vous aimez mieux mourir... Vivez donc, mon cher comte, avec les conditions de votre vie ; seulement, ayez autour de vous des fleurs sans parfum, et, s'il est possible, des amours sans passion.

— Oh! sous ce dernier rapport, mon cher docteur, dit Mirabeau, vous êtes admirablement servi! Les amours à passion m'ont trop mal réussi pour que je recommence : trois ans de prison, une condamnation à mort, et le suicide de la femme que j'aimais, se tuant pour un autre que moi, m'ont guéri de ces sortes d'amour. Un instant, je vous l'ai dit, j'avais rêvé quelque chose de grand ; j'avais rêvé l'alliance d'Elisabeth et de d'Essex, d'Anne d'Autriche et de Mazarin, de Catherine et de Potemkin ; mais c'était un rêve! Que voulez-vous, je ne l'ai pas revue, cette femme pour laquelle je lutte; et je ne la reverrai probablement jamais... Tenez, Gilbert, il n'y a pas de plus grand supplice que de sentir que l'on porte en soi des projets immenses, la prospérité d'un royaume, le triomphe de ses amis, l'anéantissement de ses ennemis, et que, par un mauvais vouloir du hasard, par un caprice de la fatalité, tout cela vous échappe!... Oh! les folies de ma jeunesse, comme ils me les font expier! comme ils les expieront eux-mêmes!... Mais, enfin, pourquoi se défient-ils de moi? A part deux ou trois occasions dans lesquelles ils m'ont poussé à bout, et où il fallut que je frappasse, pour leur donner la mesure de mes coups, n'ai-je pas été complètement à eux, à eux depuis le commencement jusqu'à la fin ?... N'ai-je pas été pour le *veto* absolu, quand M. Necker se contentait, lui, du *veto* suspensif? N'ai-je pas été contre cette nuit du 4 août, à laquelle je n'ai point pris part, et qui a dépouillé la noblesse de ses privilèges? N'ai-je pas protesté contre la Déclaration des droits de l'homme, non point que je pensasse à en rien retrancher, mais parce que je croyais que le jour de leur proclamation n'était pas encore venu? Aujourd'hui, aujourd'hui enfin, ne les ai-je pas servis au-delà de ce qu'ils pouvaient espérer? n'ai-je pas obtenu, aux dépens de mon honneur, de ma popularité, de ma vie, plus qu'un homme, fût-il ministre, fût-il prince, ne pouvait obtenir pour eux?... Et quand je pense, — réfléchissez bien à ce que je vais vous dire, grand philosophe, car la chute de la monarchie est peut-être dans ce fait, — et quand je pense que, moi, qui dois regarder comme une grande faveur, — si grande, qu'elle ne m'a été accordée qu'une seule fois, — de voir la reine, quand je pense que, si mon père n'était pas mort la veille de la prise de la Bastille ; que, si la décence ne m'eût point empêché de me montrer le surlendemain de cette mort, le jour où la Fayette a été nommé général de la garde nationale, et Bailly maire, — c'était moi qui étais nommé maire à la place de Bailly !... Alors, les choses changeaient : le roi se trouvait immédiatement dans la nécessité d'entrer en rapport avec moi ; je lui inspirais d'autres idées que celles qu'il a sur la direction à donner à une ville qui renferme la révolution dans son sein : je conquérais sa confiance; je l'amenais, avant que le mal fût aussi profondément invétéré à des mesures décisives de conservation ; au lieu que, simple député, homme suspect, jalousé, craint, haï; on m'a écarté du roi, calomnié près de la reine. Croyez-vous une chose, docteur? en m'apercevant, à Saint-Cloud, elle a pâli... Eh! c'est tout simple : ne lui a-t-on pas fait accroire que c'est moi qui ai fait les 5 et 6 octobre! Eh bien, pendant cette année, j'aurais fait tout ce qu'on m'a empêché de faire, tandis qu'aujourd'hui... ah! aujourd'hui, pour la santé de la monarchie comme pour la mienne, j'ai bien peur qu'il ne soit trop tard !

Et Mirabeau, avec une profonde impression de douleur répandue sur toute sa physionomie, saisit à pleine main la chair de sa poitrine au-dessous de son estomac.

— Vous souffrez, comte ? demanda Gilbert.

— Comme un damné !... Il y a des jours où, ma parole d'honneur ! ce qu'on fait pour mon moral avec la calomnie, je crois qu'on le fait au physique avec l'arsenic... Croyez-vous au poison des Borgia ? à l'*aqua tofana* de Pérouse, et à la poudre de succession de la Voisin, docteur ? demanda en souriant Mirabeau.

— Non, mais je crois à cette lame

ardente qui brûle le fourreau; à cette lampe dont la flamme dilatée fait éclater le verre.

Gilbert tira de sa poche un petit flacon de cristal contenant deux fois plein un dé à coudre d'une liqueur verdâtre.

— Tenez, comte, lui dit-il, nous allons faire un essai.

— Lequel? dit Mirabeau regardant le flacon avec curiosité.

— Un de mes amis que je voudrais voir le vôtre, et qui est fort instruit dans toutes les sciences naturelles, et même, à ce qu'il prétend, dans les sciences occultes, m'a donné la recette de ce breuvage comme un antidote souverain, comme une panacée universelle, presque comme un élixir de vie. Souvent, quand j'ai été pris de ces sombres pensées qui conduisent nos voisins d'Angleterre à la mélancolie, au spleen, et même à la mort, j'ai bu quelques gouttes de cette liqueur, et, je dois vous le dire, toujours l'effet en a été salutaire et prompt... Voulez-vous y goûter à votre tour?

— De votre main, cher docteur, je recevrais tout, même la ciguë; à plus forte raison l'élixir de vie... Y a-t-il une préparation, ou cela doit-il se boire pur?

— Non, car cette liqueur possède, en

réalité, une grande puissance. — Dites à votre laquais de vous apporter quelques gouttes d'eau-de-vie ou d'esprit de vin dans une cuillère.

— Diable! de l'esprit de vin ou de l'eau-de-vie pour adoucir votre boisson! Mais c'est donc du feu liquide? Je ne savais pas qu'un homme en eût bu depuis que Prométhée en avait versé à l'aïeul du genre humain… Seulement, je vous préviens que je doute que mon domestique trouve, dans toute la maison, six gouttes d'eau-de-vie ; je ne suis point comme Pitt, et ce n'est pas là que je vais chercher mon éloquence.

Le laquais revint, cependant, quelques secondes après avec une cuillère contenant les cinq ou six gouttes d'eau-de-vie demandées.

Gilbert ajouta à cette eau-de-vie une quantité égale de la liqueur que renfermait le flacon. A l'instant même, les deux liqueurs combinées prirent la couleur de l'absynthe, et Mirabeau, prenant la cuillère, avala ce qu'elle contenait.

— Morbleu ! docteur, dit-il à Gilbert, vous avez bien fait de me prévenir que cette drogue était vigoureuse : il me semble littéralement avoir avalé un éclair !

Gilbert sourit, et parut attendre avec confiance.

Mirabeau demeura un instant comme consumé par ces quelques gouttes de flamme, la tête abaissée sur sa poitrine, la main appuyée sur son estomac ; — mais, tout à coup, relevant la tête :

— Oh ! docteur, dit-il, c'est vraiment l'élixir de vie que vous m'avez fait boire là !

Puis, se levant la respiration bruyante, le front haut et les bras étendus.

— Croule maintenant la monarchie ! dit-il, je me sens de force à la soutenir !

Gilbert sourit.

— Vous vous sentez donc mieux ? demanda-t-il.

— Docteur, dit Mirabeau, enseignez-moi où se vend ce breuvage; et dussé-je payer chaque goutte d'un diamant égal en grosseur, dussé-je renoncer à tout autre luxe pour ce luxe de force et de vie, je vous réponds que, moi aussi, j'aurai cette flamme liquide, et qu'alors… alors, je me regarderai comme invincible!

— Comte, dit Gilbert, faites-moi la promesse de ne prendre de ce breuvage que deux fois la semaine, de ne vous adresser qu'à moi pour renouveler votre provision, et ce flacon est à vous.

— Donnez, dit Mirabeau, et je vous promets tout ce que vous voudrez.

— Voici, dit Gilbert. — Mais, maintenant, ce n'est pas tout : vous allez avoir chevaux et voitures, m'avez-vous dit ?

— Oui.

— Eh bien, vivez à la campagne. Ces fleurs, qui vicient l'air de votre chambre, épurent l'air d'un jardin. La course que vous ferez tous les jours pour venir à Paris et pour retourner à la campagne, vous sera une course salutaire. Choisissez, s'il est possible, une résidence située sur une hauteur, dans un bois ou près d'une rivière, Bellevue, Saint-Germain ou Argenteuil.

— Argenteuil? reprit Mirabeau; justement, j'ai envoyé mon domestique y chercher une maison de campagne. — Teisch ne m'avez-vous pas dit que vous aviez trouvé là-bas quelque chose qui me convenait?

— Oui, monsieur le comte, répondit le domestique, qui avait assisté à la cure que venait d'opérer Gilbert; oui, une maison charmante dont m'avait parlé un nommé Fritz, mon compatriote; il l'avait habitée, à ce qu'il paraît, avec son maître, qui est un banquier étranger. Elle est vacante, et M. le comte peut la prendre quand il voudra.

— Où est située cette maison?

— Hors d'Argenteuil... On l'appelle le château du Marais.

— Oh ! je connais cela ! dit Mirabeau. Très bien, Teisch. — Quand mon père me chassait de chez lui avec sa malédiction et quelques coups de canne... Vous savez, docteur, que mon père habitait Argenteuil ?

— Oui.

— Eh bien, dis-je, quand il me chassait de chez lui, il m'est arrivé souvent d'aller me promener à l'extérieur des murs de cette belle habitation, et de me dire comme Horace, je crois, — pardon si la citation est fausse : *O rus, quando te aspiciam !*

— Alors, mon cher comte, le moment est venu de réaliser votre rêve ;

partez, visitez le château du Marais, transportez-y votre domicile : le plus tôt sera le mieux.

Mirabeau réfléchit un instant, et, se tournant vers Gilbert :

— Voyons, dit-il, cher docteur, il est de votre devoir de veiller sur le malade que vous venez de ressusciter ; il n'est que cinq heures du soir, nous sommes dans les longs jours de l'année, il fait beau : montons en voiture, et allons à Argenteuil.

— Soit, dit Gilbert, allons à Argenteuil. Quand on a entrepris la cure d'une santé aussi précieuse que la vôtre,

mon cher comte, il faut tout étudier...
Allons étudier votre future maison de
campagne.

III

Au-dessous de quatre degrés, il n'y a plus de parents.

Mirabeau n'avait point encore de maison montée, et, par conséquent, point de voiture à lui. Le domestique alla chercher une voiture de place.

A cette époque, c'était presque un voyage que d'aller à Argenteuil, où l'on va aujourd'hui en onze minutes, et où, dans dix ans peut-être, on ira en onze secondes !

Pourquoi Mirabeau avait-il choisi Argenteuil ? C'est que quelques souvenirs de sa vie, comme il venait de le dire au docteur, se rattachaient à cette petite ville, et que l'homme éprouve un si grand besoin de doubler cette courte période d'existence qui lui a été donnée, qu'il s'accroche tant qu'il peut au passé, pour être moins rapidement entraîné vers l'avenir.

C'était à Argenteuil que son père, le marquis de Mirabeau, était mort le 11 juillet 1789, — comme devait mourir un vrai gentilhomme qui ne voulait pas assister à la prise de la Bastille.

Aussi, au bout du pont d'Argenteuil, Mirabeau fit-il arrêter la voiture.

— Sommes-nous arrivés ? demanda le docteur.

— Oui et non... Nous ne sommes point encore arrivés au château du Marais, qui est situé à un quart de lieue au-delà d'Argenteuil ; mais ce que nous faisons aujourd'hui, cher docteur, j'ai oublié de vous le dire, ce n'est point une simple visite, c'est un pèlerinage, et un pèlerinage en trois stations.

— Un pèlerinage ! dit Gilbert en souriant, et à quel saint ?

— A saint Riquetti, mon cher docteur; c'est un saint que vous ne connaissez pas, un saint que les hommes ont canonisé.

— A la vérité, je doute fort que le bon Dieu, en supposant qu'il s'occupe de toutes les niaiseries de ce pauvre monde, ait ratifié la canonisation ; mais il n'en est pas moins certain que c'est ici qu'est trépassé saint Riquetti, marquis de Mirabeau, ami des hommes, mis à mort par les débordements et les débauches de son indigne fils, Honoré-Gabriel-Victor-Riquetti de Mirabeau !

— Ah ! c'est vrai, fit le docteur, c'est à Argenteuil qu'est mort votre père. Pardonnez-moi d'avoir oublié cela, mon cher comte; mon excuse est dans ceci :

j'arrivais d'Amérique, quand j'ai été arrêté sur la route du Havre à Paris dans les premiers jours de juillet, et je me trouvais à la Bastille lors de cette mort. J'en suis sorti le 14 juillet avec les sept autres prisonniers qu'elle renfermait, et, si grand que fût cet évènement privé, il s'est, sinon de fait au moins de détails, perdu dans les immenses évènements qu'a vu éclore le même mois. Et où demeurait votre père ?

Au moment même où Gilbert faisait cette question, Mirabeau s'arrêtait devant la grille d'une maison située sur le quai, en face de la rivière, dont elle était séparée par une pelouse de trois cents pas environ et par un rideau d'arbres.

En voyant s'arrêter un homme devant cette grille, un énorme chien de la race des Pyrénées s'élança en grondant, passa sa tête à travers les barreaux de la grille et essaya d'attraper quelque lopin de la chair de Mirabeau ou quelque lambeau de ses habits.

— Pardieu! docteur, dit-il en se reculant pour échapper aux dents blanches et menaçantes du molosse, rien n'est changé, et l'on me reçoit ici comme du vivant de mon père.

Cependant, un jeune homme parut sur le perron, fit taire le chien, le rappela à lui, et s'avança vers les deux étrangers.

— Pardon, mesieurs, dit-il, les maîtres ne sont pour rien dans la réception que vous fait le chien. Beaucoup de personnes s'arrêtent devant cette maison, qui a été habitée par M. le marquis de Mirabeau, et comme le pauvre Cartouche ne peut comprendre l'intérêt historique qui s'attache à la demeure de ses humbles maîtres, il gronde éternellement ! — A la niche, Cartouche !

Le jeune homme fit un geste de menace, et le chien alla, tout grondant encore, se cacher dans sa niche, par l'ouverture de laquelle passèrent bientôt ses deux pattes de devant, sur lesquelles il allongea son museau aux dents aiguës, à la langue sanglante, aux yeux de feu.

Pendant ce temps, Mirabeau et Gilbert échangèrent un regard.

— Messieurs, continua le jeune homme, il n'y a plus, maintenant, derrière cette grille qu'un hôte prêt à l'ouvrir et à vous recevoir, si la curiosité ne se bornait pas chez vous à regarder l'extérieur.

Gilbert poussa Mirabeau du coude, en signe qu'il visiterait volontiers l'intérieur de la maison.

Mirabeau le comprit; d'ailleurs, son désir s'accordait avec celui de Gilbert.

— Monsieur, dit-il, vous avez lu au fond de notre pensée; nous savions que cette maison avait été habitée par l'*Ami des hommes*, et nous étions curieux de la visiter.

— Et votre curiosité redoublera, messieurs, dit le jeune homme, quand vous saurez que deux ou trois fois, pendant le séjour qu'y fit le père elle fut honorée de la visite de son illustre fils, qui, s'il faut en croire la tradition, n'y fut pas toujours reçu comme il méritait de l'être, et comme nous l'y recevrions s'il lui prenait l'envie qui vous prend, messieurs, et à laquelle je m'empresse de souscrire.

Et, en s'inclinant, le jeune homme ouvrit la porte aux deux visiteurs, repoussa la grille, et marcha devant eux.

Mais Cartouche ne parut pas disposé à les laisser jouir ainsi de l'hospitalité qui leur était offerte; il s'élança de nouveau hors de sa niche avec d'horribles aboiements.

Le jeune homme se jeta entre le chien et celui de ses hôtes contre lequel l'animal paraissait plus particulièrement acharné.

Mais Mirabeau écarta le jeune homme de la main.

— Monsieur, dit-il, les chiens et les hommes ont fort aboyé contre moi; les hommes m'ont mordu quelquefois, les chiens jamais. D'ailleurs, on prétend que le regard humain est tout puissant sur les animaux, laissez m'en, je vous prie, faire l'expérience.

— Monsieur, dit le jeune homme, Cartouche est méchant, je vous en préviens.

— Laissez, laissez, monsieur, répondit Mirabeau ; j'ai affaire tous les jours à de plus méchantes bêtes que lui, et, aujourd'hui encore, j'ai eu raison de toute une meute.

— Oui, mais à cette meute là, dit Gilbert, vous pouvez parler, et personne ne nie la puissance de votre parole.

— Docteur, je croyais que vous étiez un adepte du magnétisme ?

— Sans doute... Eh bien ?

— Eh bien, vous devez, en ce cas, reconnaître la puissance du regard... Laissez-moi magnétiser Cartouche.

Mirabeau parlait là cette langue hasardeuse si bien comprise des organisations supérieures.

— Faites, dit Gilbert.

— Oh ! monsieur, répéta le jeune homme, ne vous exposez point !

— Par grâce, dit Mirabeau.

Le jeune homme s'inclina en signe de consentement, et s'écarta à gauche, tandis que Gilbert s'écartait à droite, comme font les témoins d'un duel quand l'adversaire va tirer sur leur filleul.

D'ailleurs, le jeune homme, monté sur les deux ou trois marches du perron, s'apprêtait à arrêter Cartouche, si la parole ou le regard de l'inconnu étaient insuffisants.

Le chien tourna la tête à droite et à gauche, comme pour examiner si celui à qui il paraissait avoir voué une haine implacable était bien isolé de tout secours ; puis, le voyant seul et sans armes, il rampa lentement hors de sa niche, plus serpent que quadrupède, et, tout à coup, il s'élança et, du premier bond, franchit le tiers de la distance qui le séparait de son antagoniste.

Alors, Mirabeau croisa les bras, et, avec cette puissance de regard qui faisait de lui le Jupiter tonnant de la tribune, il fixa ses yeux sur l'animal.

En même temps, tout ce que ce corps

si vigoureux pouvait contenir d'électricité sembla remonter à son front; ses cheveux se hérissèrent comme fait la crinière d'un lion, et, si, au lieu d'être à cette heure de la journée où le soleil décline déjà, mais éclaire encore, on eût été aux premières heures de la nuit, sans doute de chacun de ses cheveux on eût vu jaillir une étincelle.

Le chien s'arrêta court, et le regarda.

Mirabeau se baissa, prit une poignée de sable, et la lui jeta à la face.

Le chien rugit et fit un autre bond qui le rapprocha de trois ou quatre pas de son adversaire; mais, alors, ce fut celui-ci qui marcha sur le chien.

L'animal resta un instant immobile comme le chien de granit du chasseur Céphale ; mais, inquiété par la marche progressive de Mirabeau, il parut hésiter entre la colère et la crainte, menaça des dents et des yeux, tout en pliant sur ses pattes de derrière. Enfin, Mirabeau leva le bras avec le geste dominateur qui lui avait si souvent réussi à la tribune, quand il jetait à ses ennemis le sarcasme, l'injure ou l'ironie, et le chien, vaincu, tremblant de tous ses membres, recula regardant derrière lui si la retraite lui était ouverte, et, tournant sur lui-même, il rentra précipitamment dans sa niche.

Mirabeau redressa la tête, fier et

joyeux comme un vainqueur des jeux isthmiques.

— Ah! docteur, dit-il, M. Mirabeau le père avait bien raison de dire que les chiens étaient des candidats à l'humanité : vous voyez celui-ci insolent, lâche, et vous l'allez voir servile comme un homme.

Et, en même temps, il laissa pendre sa main le long de sa cuisse, et, avec le ton du commandement :

— Ici, Cartouche, dit-il, ici !

Le chien hésita ; mais, sur un geste d'impatience, il sortit pour la seconde fois la tête de sa niche, rampa de nouveau les yeux fixés sur les yeux de Mirabeau, franchit ainsi tout l'intervalle qui le séparait de son vainqueur, et, arrivé à ses pieds, leva lentement et timidement la tête, et, du bout de sa langue haletante, toucha le bout de ses doigts.

— C'est bien, dit Mirabeau, à la niche !

Il fit un geste, et le chien alla se coucher.

Puis, se retournant vers Gilbert, tandis que le jeune homme était resté sur le perron frissonnant de crainte et muet d'étonnement :

— Savez-vous, mon cher docteur, dit-il, à quoi je pensais en faisant la folie dont vous venez d'être témoin ?

— Non, mais dites... car vous ne l'avez pas faite par simple bravade, n'est-ce pas?

— Je pensais à la fameuse nuit du 5 au 6 octobre... Docteur, docteur, je donnerais la moitié des jours qui me restent à vivre pour que le roi Louis XVI eût vu ce chien s'élancer sur moi, rentrer dans sa niche, et venir me lécher la main.

Puis, au jeune homme :

— Vous me pardonnerez, n'est-ce pas, monsieur, d'avoir humilié Cartouche?... Allons voir la maison de l'*Ami des Hommes,* puisque vous voulez bien me la montrer.

Le jeune homme s'effaça pour laisser

passer Mirabeau, qui, au reste, semblait n'avoir pas besoin de guide, et connaître la maison aussi bien que qui que ce fût.

Sans s'arrêter au rez-de-chaussée, il monta vivement l'escalier, garni d'une rampe de fer assez artistement travaillée, en disant :

— Par ici, docteur, par ici !

En effet, avec cet entraînement qui lui était ordinaire, avec cette habitude de domination qui était dans son tempérament, de spectateur, Mirabeau venait de se faire acteur ; de simple visiteur, maître de la maison.

Gilbert le suivit.

Pendant ce temps, le jeune homme appelait son père, bon bourgeois de cinquante à cinquante-cinq ans, et ses sœurs, jeunes filles de quinze à dix-huit, pour leur dire quel hôte étrange il venait de recevoir.

Tandis qu'il leur racontait l'histoire de la soumission de Cartouche, Mirabeau montrait à Gilbert le cabinet de travail, la chambre à coucher et le salon du marquis de Mirabeau.

Et, comme chaque pièce visitée éveillait en lui un souvenir, Mirabeau racontait anecdotes sur anecdotes avec ce charme et cet entrain qui lui étaient particuliers.

Le propriétaire et sa famille écoutaient

ce cicérone qui leur faisait l'histoire de leur propre maison, ouvrant, pour voir et pour entendre, de grands yeux et de grandes oreilles.

L'appartement du haut visité, et comme sept heures sonnaient à l'église d'Argenteuil, Mirabeau craignit sans doute de manquer de temps pour ce qui lui restait à faire, et pressa Gilbert de descendre, lui donnant l'exemple en enjambant rapidement les quatre premières marches.

— Monsieur, dit alors le propriétaire de la maison, vous qui savez tant d'histoires sur le marquis de Mirabeau et sur son illustre fils, il me semble que vous auriez, si vous le vouliez bien, à raconter sur ces quatre premières marches une histoire qui ne serait pas la moins curieuse de vos histoires.

Mirabeau s'arrêta et sourit.

— En effet, dit-il ; mais celle-là, je comptais la passer sous silence.

— Et pourquoi cela, comte ? demanda le docteur.

— Ma foi, vous allez en juger. En sortant du donjon de Vincennes, où il était resté dix-huit mois, Mirabeau, qui avait le double de l'âge de l'enfant prodigue, et qui ne s'apercevait pas le moins du monde que l'on s'apprêtât à tuer le veau gras en réjouissance de son retour, eut l'idée de venir réclamer sa légitime. Il y avait deux motifs pour que Mirabeau fût mal reçu dans la maison paternelle : d'abord, il sortait de Vincennes malgré le marquis ; ensuite, il entrait dans la maison pour demander de l'argent ; il en résulta que le marquis, occupé à mettre la dernière main à une œuvre philanthropique, se leva en apercevant son fils, saisit sa canne aux premières paroles qu'il prononça, et s'élança sur lui dès qu'il eut entendu le mot *argent*. Le comte connaissait son père, et, cependant, il espérait que ses trente-sept ans le sauveraient de la correction dont il était menacé ; le comte reconnut son erreur en sentant les coups de canne pleuvoir sur ses épaules.

— Comment! les coups de canne ?

— Oui, de vrais, de bons coups de canne, non pas comme ceux qu'on donne et qu'on reçoit à la Comédie-Française, dans les pièces de Molière, mais des coups de canne réels, à fendre la tête et à casser les bras.

— Et que fit le comte de Mirabeau? demanda Gilbert.

— Parbleu! il fit ce que fit Horace à son premier combat, il prit la fuite. Malheureusement, il n'avait point, comme Horace, un bouclier, car, au lieu de le jeter, ainsi que le fit le chantre de Lydie, il s'en fût servi pour parer les coups; mais, n'en ayant pas, il dégringola les quatre premières marches de cet escalier, à peu près comme je viens de le faire, plus vite encore peut-être ; arrivé là, il se retourna et, levant la canne à son tour : « Halte-là, monsieur! dit-il à son père; au-dessous de quatre degrés il n'y a plus de parents! » C'était un calembourg assez mauvais, mais qui, cependant, arrêta le bonhomme mieux que n'eût fait la meilleure raison. « Ah! dit-il, quel malheur que le bailli soit mort, je lui aurais écrit celle-là! » Mirabeau, continua le narrateur, était trop bon stratégiste pour ne pas profiter de l'occasion qui lui était offerte de faire retraite. Il descendit le reste des degrés presque aussi rapidement qu'il avait descendu les premières marches, et, à sa grande douleur, il n'est jamais rentré dans la maison... C'est un grand coquin, n'est-ce pas, docteur, que le comte de Mirabeau?

— Oh! monsieur dit le jeune homme s'approchant de Mirabeau les mains jointes et comme s'il demandait pardon à son hôte d'être d'un avis si opposé au sien, dites un bien grand homme!

Mirabeau regarda le jeune homme en face.

— Ah! ah! fit-il, il y a donc des gens qui pensent cela du comte de Mirabeau?

— Oui, monsieur, dit le jeune homme, et, au risque de vous déplaire, moi tout le premier...

— Oh! reprit Mirabeau en riant, il ne faut pas dire cela tout haut dans cette maison, jeune homme, ou les murs s'écrouleront sur votre tête !

— Puis, saluant respectueusement le vieillard et courtoisement les deux jeunes filles, il traversa le jardin en envoyant de la main un signe d'amitié à Cartouche, qui le lui rendit par une espèce de grognement où un reste de révolte se mêlait à la soumission.

Gilbert suivit Mirabeau, qui ordonna au cocher d'entrer dans la ville et de s'arrêter devant l'église.

Seulement, à l'angle de la première rue, il fit faire halte à la voiture, et, tirant une carte de sa poche :

— Teisch, dit-il à son domestique,

remettez de ma part cette carte au jeune homme qui n'est pas de mon avis sur M. de Mirabeau.

Puis, avec un soupir :

— Oh! docteur, dit-il, en voilà un qui n'a pas encore lu la *Grande trahison de M. de Mirabeau!*

Teisch revint.

Il était suivi du jeune homme.

— Oh! monsieur le comte, dit celui-ci avec un accent d'admiration auquel il n'y avait pas à se tromper, accordez-moi ce que vous avez accordé à Cartouche, l'honneur de baiser votre main.

Mirabeau ouvrit ses deux bras et serra le jeune homme sur sa poitrine.

—Monsieur le comte, dit celui-ci, je me nomme Marnais ; si jamais vous avez besoin de quelqu'un qui meure, pour vous, souvenez-vous de moi.

Les larmes vinrent aux yeux de Mirabeau.

— Docteur, dit-il, voilà les hommes qui nous succèderont. Je crois qu'ils valent mieux que nous, parole d'honneur.

IV

Une femme qui ressemble à la Reine.

La voiture s'arrêta à la porte de l'église d'Argenteuil.

— Je vous ai dit que je n'étais jamais revenu à Argenteuil depuis le jour où mon père m'avait chassé de chez lui à coups de canne; je me trompais : j'y suis revenu le jour où j'ai conduit son corps dans cette église.

Et Mirabeau descendit de voiture, prit son chapeau à la main, et, la tête nue, d'un pas lent et solennel, entra dans l'église.

Il y avait chez cet homme étrange tant de sentiments opposés, qu'il avait parfois des velléités de religion, à l'époque où tous étaient philosophes, et où quelques-uns poussaient la philosophie jusqu'à l'athéisme.

Gilbert le suivit à quelques pas. Il vit Mirabeau traverser toute l'église, et, tout près de l'autel de la Vierge, aller s'adosser à une colonne massive dont le chapiteau roman semblait porter écrite la date du XIIe siècle.

Sa tête s'inclina, ses yeux se fixèrent sur une dalle noire formant le centre de la chapelle.

Le docteur chercha à se rendre compte de ce qui absorbait ainsi la pensée de Mirabeau; ses yeux suivirent la direction des siens, et s'arrêtèrent sur l'inscription que voici :

« Icy repose

« FRANÇOISE DE CASTELLANE, MARQUISE DE
« MIRABEAU; modèle de piété et de ver-
« tu, heureuse épouse, mère heureuse;
« née en Dauphiné, en 1685, morte à Pa-
« ris en 1769; déposée à Saint-Sulpice,

« puis transportée icy, pour être réunie
« sous la même tombe avec son digne
« fils, Victor de Riquetti, marquis de Mira-
« beau, surnommé l'*Ami des hommes,* né à
« Pertuis en Provence, le 4 octobre 1715,
« mort à Argenteuil le 11 juillet 1789.

« *Priez Dieu pour leurs âmes.* »

La religion de la mort est si puissante, que le docteur Gilbert plia un instant la tête, et chercha dans sa mémoire s'il ne lui restait pas une prière quelconque, pour obéir à l'invitation qu'adressait à tout chrétien la pierre sépulcrale qu'il avait devant les yeux.

Mais, si jamais Gilbert avait, dans son enfance, — ce qui est chose douteuse, —

su parler la langue de l'humilité et de la foi, le doute, cette gangrène du dernier siècle, était venu effacer jusqu'à la dernière ligne de ce livre vivant, et la philosophie avait inscrit à leur place ses sophismes et ses paradoxes.

Se trouvant le cœur sec et la bouche muette, il releva les yeux, et vit deux larmes rouler sur cette face puissante de Mirabeau, labourée par les passions comme l'est le sol d'un volcan par la lave.

Ces deux larmes de Mirabeau émurent étrangement Gilbert; il alla à lui, et lui serra la main.

Mirabeau comprit.

Des larmes versées en souvenir de ce père qui avait emprisonné, torturé, martyrisé Mirabeau, eussent été des larmes incompréhensibles ou banales.

Il s'empressa donc d'exposer à Gilbert la véritable cause de cette sensibilité.

— C'était une digne femme, dit-il, que cette Françoise de Castellane, mère de mon père; quand tout le monde me trouvait hideux, elle seule se contentait de me trouver laid; quand tout le monde me haïssait, elle m'aimait presque; — mais ce qu'elle aimait par-dessus toute chose, c'était son fils. Aussi, vous le voyez, mon cher Gilbert, je les ai réunis... Moi, à qui me réunira-t-on? quels os dormiront près des miens? Je n'ai pas même un chien qui m'aime!

Et il rit douloureusement.

— Monsieur, dit une voix empreinte de cet accent rêche et plein de reproche qui n'appartient qu'aux dévots, on ne rit pas dans une église.

Mirabeau tourna son visage ruisselant de larmes du côté où venait la voix, et aperçut un prêtre.

— Monsieur, dit-il avec douceur, êtes-vous le prêtre desservant cette chapelle?

— Oui; que lui voulez-vous?

— Avez-vous beaucoup de pauvres dans votre paroisse?

— Plus que de gens disposés à leur faire l'aumône.

— Vous connaissez quelques cœurs charitables cependant, quelques esprits philanthropiques?

Le prêtre se mit à rire.

— Monsieur, observa Mirabeau, je croyais que vous m'aviez fait l'honneur de me dire qu'on ne riait point dans les églises.

— Monsieur, dit le prêtre blessé, auriez-vous la prétention de me donner une leçon ?

— Non, monsieur, mais celle de vous prouver que ces gens qui croient de leur devoir de venir au secours de leurs frères ne sont point aussi rares que vous le pensez. Ainsi, monsieur, je vais, selon toute probabilité, habiter le château du Marais; eh bien, tout ouvrier manquant d'ouvrage y trouvera du travail et un bon salaire; tout vieillard ayant faim y trouvera du pain; tout homme malade, quels que soient son opinion politique et ses principes religieux, y trouvera du secours; et, à partir d'aujourd'hui, monsieur le curé, je vous offre, dans ce but, un crédit de mille francs par mois.

Et, déchirant une feuille de ses tablettes, il écrivit sur cette feuille au crayon:

« Bon pour la somme de douze mille

francs dont M. le curé d'Argenteuil pourra disposer sur moi, à raison de mille francs par mois, qui seront employés par lui en bonnes œuvres, à partir du jour de mon installation au château du Marais.

« Fait en l'église d'Argenteuil, et signé sur l'autel de la Vierge.

« Mirabeau aîné. »

En effet, Mirabeau avait écrit cette lettre de change, et l'avait signée sur l'autel de la Vierge.

La lettre de change écrite et signée, il la remit au curé, stupéfait avant d'avoir lu la signature, plus stupéfait encore après l'avoir lue.

Puis il sortit de l'église en faisant au docteur Gilbert signe de le suivre.

On remonta en voiture.

Si peu que Mirabeau fût resté à Argenteuil, il y laissait derrière lui, sur son passage, deux souvenirs qui devaient aller grandissant dans la postérité.

Le propre de certaines organisations, c'est de faire jaillir un évènement de tout endroit où elles posent le pied.

C'est Cadmus semant des soldats sur le sol de Thèbes;

C'est Hercule éparpillant ses douze travaux sur la face du monde.

Aujourd'hui encore, — et, cependant,

Mirabeau est mort depuis soixante ans, — aujourd'hui encore, faites à Argenteuil, aux mêmes lieux où les fit Mirabeau, les deux stations que nous avons indiquées, et, à moins que la maison ne soit inhabitée ou l'église déserte, vous trouverez quelqu'un qui vous racontera dans tous ses détails, et comme si l'évènement était d'hier, ce que nous venons de vous raconter.

La voiture suivit la grande rue jusqu'à son extrémité; puis elle quitta Argenteuil et roula sur la route de Besons. Elle n'eut pas fait cent pas sur cette route, que Mirabeau aperçut à sa droite les arbres touffus d'un parc, séparés par les toits ardoisés du château et de ses dépendances.

C'était le Marais.

A droite de la route que suivait la voiture, avant d'arriver au chemin qui aboutit de cette route à la grille du château, s'élevait une pauvre chaumière.

Devant le seuil de cette chaumière une femme était assise sur un escabeau de bois, tenant dans ses bras un enfant maigre, hâve, dévoré par la fièvre.

La mère, tout en berçant ce demi cadavre, levait les yeux au ciel et pleurait.

Elle s'adressait à celui auquel on s'adresse quand on n'attend plus rien des hommes.

Mirabeau fixait de loin les yeux sur ce triste spectacle.

— Docteur, dit-il à Gilbert, je suis superstitieux comme un ancien. Si cet enfant meurt, je ne prends pas le château du Marais... Voyez, cela vous regarde.

Et il arrêta sa voiture en face de la chaumière.

— Docteur, reprit-il, comme je n'ai plus que vingt minutes de jour pour visiter le château, je vous laisse ici. Vous viendrez me rejoindre, et vous me direz si vous espérez sauver l'enfant.

Puis, à la mère :

— Bonne femme, ajouta-t-il, voici monsieur, qui est un grand médecin ;

remerciez la Providence, qui vous l'envoie : il va essayer de guérir votre enfant.

La femme ne savait si c'était un rêve. Elle se leva, portant son enfant entre ses bras, et balbutiant des remerciements.

Gilbert descendit.

La voiture continua sa route. Cinq minutes après, Teisch sonnait à la grille du château.

On fut quelque temps sans voir paraître personne ; enfin, un homme qu'à son costume il était facile de reconnaître pour le jardinier, vint ouvrir.

Mirabeau s'informa d'abord de l'état dans lequel était le château.

Le château était fort habitable, à ce que disait le jardinier du moins, et à ce que même il apparaissait à la première vue.

Il faisait partie du domaine de l'abbaye de Saint-Denis comme chef-lieu du prieuré d'Argenteuil, et il était en vente par suite des décrets rendus sur les biens du clergé.

Mirabeau, nous l'avons dit, le connaissait déjà; mais il n'avait jamais eu l'occasion de l'examiner aussi attentivement qu'il lui était donné de le faire en cette circonstance.

La grille ouverte, il se trouvait dans une première cour à peu près carrée. A droite était un pavillon habité par le jardinier ; à gauche, un second pavillon, qu'à la coquetterie avec laquelle il était décoré, même extérieurement, on pouvait douter un instant être le frère du premier.

C'était son frère, cependant ; mais, du pavillon rôturier, la parure avait fait une demeure presque aristocratique. De gigantesques rosiers couverts de fleurs le vêtissaient d'une robe diaprée, tandis qu'une ceinture de vignes lui ceignait toute la taille d'un cordon vert ; chacune des fenêtres était fermée par un rideau d'œillets, d'héliotropes, de fuchsias, dont les branches épaisses, dont les fleurs écloses empêchaient à la fois le soleil et le regard de pénétrer dans l'appartement; un petit jardin tout de lys, tout de cactus, tout de narcisses; un véritable tapis, qu'on eût dit, de loin, brodé par la main de Pénélope, attenait à la maison, et s'étendait dans toute la longueur de cette première cour, faisant pendant à un gigantesque saule flora et à de magnifiques ormes plantés du côté opposé.

Nous avons déjà dit la passion de Mirabeau pour les fleurs. En voyant ce pavillon perdu dans les roses, ce charmant jardin qui semblait faire partie de la petite maison de Flore, il jeta un cri de joie.

— Oh! dit-il au jardinier, ce pavillon est-il à louer ou à vendre, mon ami?

— Sans doute, monsieur, répondit celui-ci, puisqu'il appartient au château, et que le château est à vendre ou à louer. Seulement, il est habité dans ce moment-ci ; mais, comme il n'y a pas de bail, si monsieur s'arrangeait du château, on pourrait renvoyer la personne qui habite là.

— Ah ! dit Mirabeau, et quelle est cette personne ?

— Une dame.

— Jeune ?

— De trente à trente-cinq ans.

— Belle ?

— Très belle !

— Bien! dit Mirabeau, nous verrons... Une belle voisine ne gâte rien. Faites-moi voir le château, mon ami.

Le jardinier marcha devant Mirabeau, traversa un pont qui séparait la première cour de la seconde, et sous lequel passait une espèce de petite rivière.

Là, le jardinier s'arrêta.

— Si monsieur, dit-il, ne voulait pas déranger la dame du pavillon, ce serait d'autant plus facile que cette petite rivière isole complètement la portion du parc attenante au pavillon du reste du jardin; elle serait chez elle, et monsieur serait chez lui.

— Bon, bon, dit Mirabeau, voyons le château.

Et il monta lestement les cinq marches du perron.

Le jardinier ouvrit la porte principale.

Cette porte donnait sur un vestibule en stuc, avec niches portant statues et colonnes portant vases, selon la mode du temps.

Une porte placée au fond de ce vestibule en face de la porte d'entrée faisait une sortie sur le jardin.

A droite du vestibule étaient la salle de billard et la salle à manger.

A gauche, deux salons, un grand et un petit.

Cette première disposition plaisait assez à Mirabeau, qui, d'ailleurs, paraissait distrait et impatient.

On monta au premier.

Le premier se composait d'un grand salon merveilleusement disposé pour faire un cabinet de travail, et de trois ou quatre chambres à coucher de maître.

Fenêtres de salon et de chambres à coucher étaient fermées.

Mirabeau alla de lui-même à l'une des fenêtres, et l'ouvrit.

Le jardinier voulut ouvrir les autres.

Mais Mirabeau lui fit un signe de la main : le jardinier s'arrêta.

Juste au-dessous de la fenêtre que venait d'ouvrir Mirabeau, au pied d'un immense saule pleureur, une femme lisait, à demi couchée, tandis qu'un enfant de cinq ou six ans jouait, à quelques pas d'elle, sur les pelouses et dans les massifs de fleurs.

Mirabeau comprit que c'était la dame du pavillon.

Il était impossible d'être plus gracieusement et plus élégamment mise que cette femme ne l'était avec son petit peignoir de mousseline garni de dentelle couvrant une veste de taffetas blancs ruchée de rubans roses et blancs, avec sa jupe de mousseline blanche à volants ruchés rose et blanc comme la veste, avec son corsage de taffetas rose à nœuds de la même couleur, et son coqueluchon tout rempli de dentelles retombantes comme un voile, et à travers lesquelles, comme à travers une vapeur, on pouvait distinguer son visage.

Des mains fines, longues, aux ongles aristocratiques ; des pieds d'enfant jouant dans deux petites pantoufles de taffetas blanc à nœuds roses complétaient cet harmonieux et séduisant ensemble.

L'enfant, tout vêtu de satin blanc, portait, singulier mélange, assez commun du reste à cette époque, un petit chapeau à la Henri IV avec une de ces ceintures tricolores qu'on appelait une ceinture à la nation.

Tel était, au surplus, le costume que portait le jeune dauphin la dernière fois qu'il avait paru avec sa mère sur le balcon des Tuileries.

Le signe fait par Mirabeau avait pour but de ne pas déranger la belle liseuse.

C'était bien la femme du pavillon aux fleurs; c'était bien la reine des lys, des cactus et des narcisses; c'était bien, enfin, cette voisine que Mirabeau, l'homme aux sens toujours aspirant vers les voluptés, eût choisie si le hasard ne la lui avait pas amenée.

Pendant quelque temps, il dévora des yeux la charmante créature, immobile comme une statue, ignorante qu'elle était du regard ardent qui l'enveloppait; mais, soit hasard, soit courant magnétique, ses yeux se détachèrent du livre, et se tournèrent du côté de la fenêtre.

Elle aperçut Mirabeau, jeta un petit cri de surprise, se leva, appela son fils, s'éloigna le tenant par la main, non sans retourner la tête deux ou trois fois, et disparut avec l'enfant entre les arbres, dans les intervalles desquels Mirabeau suivit les différentes réapparitions de son éclatant costume, dont la blancheur luttait contre les premières ombres de la nuit.

Au cri de surprise jeté par l'inconnue, Mirabeau répondit par un cri d'étonnement.

Cette femme avait, non-seulement la démarche royale, mais encore, autant que le voile de dentelle dont son visage était à demi couvert permettait d'en juger, les traits de Marie-Antoinette.

L'enfant ajoutait à la ressemblance : il était juste de l'âge du second fils de la reine ; de la reine, dont la démarche, dont le visage, dont les moindres mouvements étaient restés si présents, non-seulement au souvenir, mais nous dirons plus, au cœur de Mirabeau depuis l'entrevue de Saint-Cloud, qu'il eût reconnu la reine partout où il l'eût rencontrée, fût-elle entourée de ce nuage divin dont Virgile enveloppe Vénus lorsqu'elle apparaît à son fils sur le rivage de Carthage.

Quelle étrange merveille amenait donc dans le parc de la maison qu'allait louer Mirabeau, une femme mystérieuse qui, si elle n'était pas la reine, était au moins son vivant portrait?

En ce moment, Mirabeau sentit qu'une main s'appuyait sur son épaule.

V

Où l'influence de la dame inconnue commence à se faire sentir.

Mirabeau se retourna en tressaillant.

Celui qui lui posait la main sur l'épaule, c'était le docteur Gilbert.

— Ah! dit Mirabeau, c'est vous, cher docteur... Eh bien?

— Eh bien, dit Gilbert, j'ai vu l'enfant.

— Et vous espérez le sauver ?

— Jamais un médecin ne doit perdre l'espoir, fût-il en face de la mort même.

— Diable ! fit Mirabeau, cela veut dire que la maladie est grave !

— Plus que grave, mon cher comte ; elle est mortelle.

— Quelle est donc cette maladie ?

— Je ne demande pas mieux que d'entrer dans quelques détails à ce sujet, attendu que ces détails ne seront pas sans intérêt pour un homme qui aurait pris sans savoir à quoi il s'expose, la résolution d'habiter ce château.

— Héin! fit Mirabeau; allez-vous me dire que l'on y risque la peste?

— Non, mais je vais vous dire comment le pauvre enfant a attrapé la fièvre dont, selon toute probabilité, il sera mort dans huit jours. Sa mère coupait le foin du château avec le jardinier, et, pour être plus libre, elle avait posé l'enfant à quelques pas de ces fossés d'eau dormante qui ceignent le parc. La bonne femme, qui n'a aucune idée du double mouvement de la terre, avait couché la petite créature à l'ombre, sans se douter qu'au bout d'une heure l'ombre aurait fait place au soleil; quand elle est venue chercher son enfant, attirée qu'elle était par ses cris, elle l'a trouvé doublement atteint : atteint par l'insolation trop continue qui avait frappé sur son jeune cerveau, atteint par l'absorption des effluves marécageuses qui avaient déterminé ce genre d'empoisonnement nommé l'empoisonnement *paludien*.

— Excusez-moi, docteur, dit Mirabeau, mais je ne vous comprends pas bien.

— Voyons, n'avez-vous pas entendu parler des fièvres des Marais-Pontins ? Ne connaissez-vous pas, de réputation du moins, les miasmes délétères qui s'exhalent des maremmes toscanes ? N'avez-vous pas lu, dans le poète florentin, la mort de Pia dei Tolomeï?

— Si fait, docteur, je sais tout cela, mais en homme du monde et en poète, non en chimiste et en médecin. Cabanis m'a dit quelque chose de pareil, la dernière fois que je l'ai vu, à propos de la salle du Manège, où nous sommes fort mal; il prétendait même que, si je n'en sortais pas trois fois par séance pour respirer l'air des Tuileries, je mourrais empoisonné.

— Et Cabanis avait raison.

— Voulez-vous m'expliquer cela, docteur, vous me ferez plaisir.

— Sérieusement?

— Oui, je sais assez bien mon grec et mon latin ; j'ai, pendant les quatre ou cinq ans de prison que j'ai faits à différentes époques, grâce aux susceptibilités sociales de mon père, assez bien étudié l'antiquité ; j'ai même fait, dans mes moments perdus, sur les mœurs de la susdite antiquité, un livre obscène qui ne manque pas d'une certaine science ; mais j'ignore complètement comment on peut être empoisonné dans la salle de l'Assemblée nationale, à moins qu'on n'y soit mordu par l'abbé Maury, ou qu'on n'y lise la feuille de M. Marat.

— Alors, je vais vous le dire. Peut-être l'explication sera-t-elle assez obscure pour un homme qui a la modestie de s'avouer peu fort en physique et ignorant en chimie; cependant, je vais tâcher d'être le plus clair possible.

— Parlez, docteur; jamais vous n'aurez trouvé auditeur plus curieux d'apprendre.

— L'architecte qui a construit la salle du Manége, — et, par malheur, mon cher comte, les architectes sont, comme vous, d'assez mauvais chimistes, — l'architecte qui a construit la salle du Manége n'a pas eu l'idée de faire des cheminées pour l'évacuation de l'air corrompu ni des tuyaux inférieurs pour sa rénovation. Il en résulte que les onze cents bouches qui, enfermées dans cette salle, aspirent de l'oxigène rendent, en place, des vapeurs carboniques ; ce qui fait qu'au bout d'une heure de séance, surtout l'hiver, quand les fenêtres sont fermées et les poëles échauffés, l'air n'est plus respirable.

— Voilà justement le travail dont je voudrais me rendre compte, ne fût-ce que pour en faire part à Bailly.

— Rien de plus simple que cette explication : l'air pur, l'air tel qu'il est destiné à être absorbé par nos poumons, l'air tel qu'on le respire dans une habitation à mi-côte tournée vers le levant, avec un cours d'eau à sa proximité, c'est-à-dire dans les meilleures conditions où l'air puisse être respiré, se compose de 77 parties d'oxigène, de 21 parties d'azote, et de 2 parties de ce qu'on appelle vapeur d'eau.

— Très bien ; je comprends jusque-là, et je note vos chiffres.

— Eh bien ! écoutez ceci : le sang veineux est apporté noir et chargé de carbone dans les poumons, où il doit être revivifié par le contact de l'air extérieur, c'est-à-dire de l'oxigène que l'action respiratoire va emprunter à l'air libre.
— Ici se produit un double phénomène que nous désignons sous le nom d'hématose. L'oxigène, mis en contact avec le sang, se combine avec lui ; de noir qu'il était, le fait rouge et lui donne ainsi l'élément de vie qui doit être dans toute l'économie ; en même temps, le carbone,

qui se combinait avec une partie de l'oxigène passe à l'état d'acide carbonique ou d'oxide de carbone, et est exhalé au dehors mêlé d'une certaine quantité de vapeur d'eau, dans l'acte de l'expiration. Eh bien ! cet air pur absorbé par l'inspiration, cet air vicié rendu par l'expiration, forment, dans une salle fermée, une atmosphère qui, non-seulement cesse d'être dans des conditions respirables, mais qui encore peut arriver à produire un véritable empoisonnement.

— De sorte qu'à votre avis, docteur, je suis déjà à moitié empoisonné ?

— Parfaitement... Vos douleurs d'entrailles ne viennent pas d'une autre cause que celle-là ; bien entendu que je joints aux empoisonnements de la salle du Manége ceux de la salle de l'Archevêché, ceux du donjon de Vincennes, ceux du fort de Joux, et ceux du château d'If. Ne vous rappelez-vous pas que madame de Bellegarde disait qu'il y avait, au château de Vincennes, une chambre qui valait son pesant d'arsenic?

— De sorte, mon cher docteur, que le pauvre enfant est tout à fait ce que je ne suis qu'à moitié, c'est-à-dire empoisonné?

— Oui, cher comte, et l'empoisonnement a amené chez lui une fièvre pernicieuse dont le siége est dans le cerveau et dans les meninges ; cette fièvre à produit une maladie que l'on appelle simplement fièvre cérébrale, et que je baptiserai, moi, d'un nom nouveau, que j'appelerai, si vous le voulez bien, une hydrocéphale aiguë; de là des convulsions, de là la face tuméfiée, de là les lèvres violettes, de là le trismus prononcé de la mâchoire, de là le renversement en arrière du globe oculaire, de là la respiration haletante, le frémissement du pouls substitué aux battements, de là, enfin, la sueur visqueuse qui couvre tout son corps.

— Peste! mon cher docteur, savez-vous que c'est à donner le frisson, cette énumération que vous me faites-là? En vérité, quand j'entends parler un médecin en mots techniques, c'est comme lorsque je lis un papier timbré en termes de chicane, il me semble toujours que ce qui m'attend de plus doux est la mort... Et qu'avez-vous ordonné au pauvre petit ?

— Le traitement le plus énergique, et je me hâte de vous dire qu'un ou deux louis enveloppés dans l'ordonnance ont mis la mère à même de la suivre ; — ainsi les réfrigérents sur la tête, les excitants aux extrémités, l'émétique en vomitif, le quinquina en décoction.

— En vérité ! et tout cela n'y fera rien ?

— Tout cela, sans l'aide de la nature,

n'y fera pas grand chose. Pour l'acquit de ma conscience, j'ai ordonné ce traitement (1) ; son bon ange,—si le pauvre enfant en a un,—fera le reste.

— Hum ! fit Mirabeau...

— Vous comprenez, n'est-ce pas? dit Gilbert.

— Votre théorie de l'empoisonnement par l'oxide de carbone? A peu près.

— Non, ce n'est pas cela ; je veux dire

---

(1) En 1790, on ne connaissait pas encore le sulfate de quinine, et l'on n'appliquait pas encore les sangsues derrière l'oreille. L'ordonnance du docteur Gilbert était donc aussi complète que le permettait l'état de la science à la fin du XVIIIe siècle.

que vous compreniez que l'air du château du Marais ne vous convient pas.

— Vous croyez, docteur?

— J'en suis sûr.

— Ce serait bien fâcheux, car le château me convient fort, à moi.

— Je vous reconnais bien-là, éternel ennemi de vous-même ! Je vous conseille une hauteur, vous prenez un terrain plat ; je vous recommande un cours d'eau, vous choisissez une eau stagnante.

— Mais quel parc ! mais regardez donc ces arbres-là, docteur !

— Dormez une seule nuit la fenêtre

ouverte, comte, ou promenez-vous, passé onze heures du soir, à l'ombre de ces beaux arbres, et vous m'en direz des nouvelles le lendemain !

— C'est-à-dire qu'au lieu d'être empoisonné à moitié, comme je le suis, le lendemain je serai empoisonné tout à fait ?

— M'avez-vous demandé la vérité ?

— Oui, et vous me la dites, n'est-ce pas ?

— Oh ! dans toute sa crudité... Je vous connais, mon cher comte ; vous venez ici pour fuir le monde, le monde viendra vous y chercher. Chacun traîne sa chaîne après soi, ou de fer, ou d'or, ou de fleurs.

Votre chaîne, à vous, c'est le plaisir la
nuit, et le jour l'étude. Tant que vous
avez été jeune, la volupté vous a reposé
du travail ; mais le travail a usé vos jours,
la volupté a fatigué vos nuits. Vous me
le dites vous-même avec votre langage
toujours si expressif et si coloré : vous
vous sentez passer de l'été à l'automne.
Eh bien! mon cher comte, qu'à la suite
d'un excès de plaisir la nuit, qu'à la suite
d'un excès de travail le jour, je sois obligé de vous saigner, eh bien! dans ce
moment de déperdition de force, songez-y, vous serez plus apte que jamais à
absorber cet air vicié la nuit par les
grands arbres du parc, cet air vicié le
jour par les miasmes paludiens de cette
eau dormante.. Alors, que voulez-vous,

vous serez deux contre moi, tous deux plus forts que moi, vous et la nature ; il faudra bien que je succombe.

— Ainsi vous croyez, mon cher docteur, que c'est par les entrailles que je périrai ? Diable ! vous me faites de la peine en me disant cela : c'est long et douloureux, les maladies d'entrailles ; j'aimerais mieux quelque bonne apoplexie foudroyante ou quelque anévrisme... Vous ne pourriez pas m'arranger cela ?

— Oh ! mon cher comte, dit Gilbert, ne me demandez rien sous ce rapport ; ce que vous désirez est fait ou se fera. A mon avis, vos entrailles ne sont que secondaires, et c'est le cœur qui joue et qui jouera le premier rôle ; malheureusement, les maladies de cœur, chez les hommes de votre âge, sont nombreuses et variées, et n'entraînent pas toutes la mort instantanée. Règle générale, mon cher comte, écoutez bien ceci, — ce n'est écrit nulle part, mais je vous le dis, moi, observateur philosophe, bien plus que médecin ; — les maladies aiguës de l'homme suivent un ordre presque absolu : chez les enfants, c'est le cerveau qui se prend ; chez l'adolescent, c'est la poitrine ; chez l'adulte, ce sont les viscères inférieurs ; chez le vieillard, enfin, c'est le cerveau ou le cœur, c'est-à-dire ce qui a beaucoup pensé et beaucoup souffert. Ainsi, quand la science aura dit son dernier mot ; quand la création tout entière, interrogée par l'homme, aura livré son dernier secret; quand toute maladie aura trouvé son remède; quand l'homme, à part quelques exceptions, comme les animaux qui l'entourent, ne mourra plus que de vieillesse, les deux seuls organes attaquables chez lui seront le cerveau et le cœur, et encore la mort par le cerveau aura-t-elle pour principe la maladie du cœur.

— Mordieu! mon cher docteur, dit Mirabeau, vous n'avez pas idée comme vous m'intéressez. Tenez, on dirait que mon cœur sait que vous parlez de lui; voyez comme il bat!

Mirabeau prit la main de Gilbert, et la posa sur son cœur.

— Eh bien! dit le docteur, voilà qui vient à l'appui de ce que je vous expliquais. Comment voulez-vous qu'un organe qui participe à toutes vos émotions, qui précipite ses battements ou qui les arrête pour suivre une simple conversation pathologique, comment voulez-vous que, chez vous surtout, cet organe ne soit pas affecté? Vous avez vécu par le cœur, vous mourrez par le cœur. Comprenez donc ceci : il n'y a pas une affection morale vive, il n'y a pas une affection physique aiguë qui ne donne à l'homme une sorte de fièvre; il n'y a pas de fièvre qui ne produise une accélération plus ou moins grande dans les battements du cœur; eh bien! dans ce travail, qui est une peine et une fatigue, puisqu'il s'accomplit en dehors de l'ordre normal, le cœur s'use, le cœur s'altère. De là, chez les vieillards, l'hypertrophie du cœur, c'est-à-dire son trop grand développement; de là, l'anévrisme, c'est-à-dire son amincissement. L'anévrisme conduit aux déchirements du cœur, la seule mort qui soit instantanée; l'hypertrophie, aux apoplexies cérébrales, mort plus lente parfois, mais où l'intelligence est tuée, et où, par conséquent, la véritable douleur n'existe plus, puisqu'il n'y a pas de douleur sans le sentiment, qui juge et mesure cette douleur. Eh bien! vous, vous figurez-vous que vous aurez aimé, que vous aurez été heureux, que vous aurez souffert, que vous aurez eu des moments de joie et des heures de désespoir comme nul autre n'en aura eu avant vous; que vous aurez atteint à des triomphes inconnus, que vous serez descendu à des déceptions inouies, que votre cœur vous aura renvoyé, pendant quarante ans, le sang en cataractes brûlantes ou précipitées du centre aux extrémités; que vous aurez pensé, travaillé, parlé, des journées entières; que vous aurez bu, ri, aimé, des nuits complètes, et que votre cœur, dont vous avez usé, abusé, ne manquera pas tout à coup? Allons donc, mon cher ami, le cœur est comme une bourse : si bien garnie qu'elle soit, à force de lui emprunter, on la met à sec. Mais, en vous montrant le mauvais côté de la position, laissez-moi vous développer le bon. Il faut du temps au cœur pour s'user ; n'agissez plus sur le vôtre comme vous le faites ; ne lui demandez pas plus de travail qu'il n'en peut produire ; ne lui donnez pas plus d'émotions qu'il n'en peut supporter ; mettez-vous dans des conditions qui n'amènent point de désordres graves dans les trois fonctions principales de la vie : la respiration, qui a son siége dans les poumons ; la circulation, qui a son siége dans le cœur ; la digestion, qui a son siége dans les intestins ; et vous pouvez vivre vingt ans, trente ans encore, et vous pouvez ne mourir que de vieillesse ; tandis que, si, au contraire, vous voulez marcher au suicide ; oh ! mon Dieu ! rien de plus facile pour vous ! vous retarderez ou hâterez votre mort à volonté. Figurez-vous que vous conduisez de ces chevaux fougueux qui vous entraînent, vous leur guide; contraignez-les de marcher au pas, et ils accompliront en un long temps un long voyage; laissez-les prendre le galop, et, comme ceux du soleil, ils parcourront en un jour et une nuit tout l'orbe du ciel.

— Oui, dit Mirabeau, mais, pendant ce jour, ils échauffent et ils éclairent, ce qui est bien quelque chose... Venez, docteur, il se fait tard; je réfléchirai à tout cela.

— Réfléchissez à tout, dit le docteur; mais, pour commencement d'obéissance aux ordres de la faculté, promettez-moi d'abord de ne pas louer ce château. Vous en trouverez, autour de Paris, dix, vingt, cinquante, qui vous offriront les mêmes avantages que celui-ci.

Peut-être Mirabeau, cédant à la voix de la raison, allait-il promettre ; mais, tout à coup, au milieu des premières ombres du soir, il lui sembla voir apparaître derrière un rideau de fleurs la tête de la femme à la jupe de taffetas blanc et aux volants roses; cette femme, — Mirabeau le crut du moins, — lui souriait; mais il n'eut pas le temps de s'en assurer, car, au moment où Gilbert, devinant qu'il se passait quelque chose de nouveau chez son malade, cherchait des yeux, pour se rendre compte à lui-même du tressaillement nerveux de ce bras sur lequel il était appuyé, la tête se retira précipitamment, et l'on ne vit plus à la fenêtre du pavillon que les branches légèrement agitées des rosiers, des héliotropes et des œillets.

— Eh bien ! fit Gilbert, vous ne répondez pas ?

— Mon cher docteur, dit Mirabeau, vous vous rappelez ce que j'ai dit à la reine, lorsque, en me quittant, elle me donna sa main à baiser : « Madame, par ce baiser, la monarchie est *sauvée ?* »

— Oui.

— Eh bien ! j'ai pris là un lourd engagement, docteur, surtout si l'on m'abandonne comme on le fait. Cependant, cet engagement, je n'y veux pas manquer.

— Ne méprisons pas le suicide dont vous parliez, docteur; ce suicide sera peut-être le seul moyen de me tirer honorablement d'affaire !..

Le surlendemain, Mirabeau avait, par bail emphythéotique, acheté le château du Marais.

VI

Le Champ-de-Mars.

Nous avons déjà essayé de faire comprendre à nos lecteurs par quel nœud indissoluble de fédération la France tout entière venait de se lier, et quel effet cette fédération individuelle, précédant la fédération générale, avait produit sur l'Europe.

C'est que l'Europe comprenait qu'un jour, — quand cela? l'époque était cachée dans les nuages de l'immense avenir; — c'est que l'Europe, disons-nous, comprenait qu'un jour elle ne formerait, elle aussi, qu'une immense fédération de citoyens, qu'une colossale société de frères.

Mirabeau avait poussé à cette grande fédération. Aux craintes que lui avait fait exprimer le roi, il avait répondu que, s'il y avait quelque salut pour la royauté en France, c'était, non point à Paris, mais dans la province qu'il le fallait chercher.

D'ailleurs, il ressortirait de cette réunion d'hommes venus de tous les coins de la France un grand avantage, c'est que le roi verrait son peuple et que le peuple verrait son roi. Quand la population tout entière de la France, représentée par trois cent mille fédérés, bourgeois, magistrats, militaires, viendraient crier : « Vive la nation ! » au Champ-de-Mars, et unir leurs mains sur les ruines de la Bastille, quelques courtisans aveugles ou intéressés à aveugler le roi ne lui diraient plus que Paris, mené par une poignée de factieux, demandait une liberté qu'était loin de réclamer le reste de la France. Non, Mirabeau comptait sur l'esprit judicieux du roi ; non, Mirabeau comptait sur l'esprit de royauté, encore si vivant, à cette époque, au fond du cœur des Français, et il augurait que, de ce contact inusité, inconnu, inouï, d'un monarque avec son peuple résulterait une alliance sacrée qu'aucune intrigue ne saurait plus rompre.

Les hommes de génie sont parfois atteints de ces niaiseries sublimes qui font que les derniers goujats politiques de l'avenir ont le droit de rire au nez de leur mémoire.

Déjà une fédération préparatoire avait eu lieu d'elle-même, pour ainsi dire, dans les plaines de Lyon. La France, qui marchait instinctivement à l'unité, avait cru trouver le mot de cette unité dans les campagnes du Rhône ; mais, là, elle s'était aperçue que Lyon pouvait bien fiancer la France au génie de la

Liberté, mais qu'il fallait Paris pour la marier.

Quand cette proposition d'une fédération générale fut apportée à l'Assemblée par le maire et par la commune de Paris, qui ne pouvaient plus résister aux demandes des autres villes, il se fit un grand mouvement parmi les auditeurs. Cette réunion innombrable d'hommes conduite à Paris, ce centre éternel d'agitation, était désapprouvé à la fois par les deux partis qui séparaient la chambre, par les royalistes et les jacobins.

C'était, disaient les royalistes, risquer un gigantesque 14 juillet, non plus contre la Bastille, mais contre la royauté.

Que deviendrait le roi au milieu de

cette effroyable mêlée de passions diverses, de cet épouvantable conflit d'opinions différentes ?

D'un autre côté, les jacobins, qui n'ignoraient pas quelle influence Louis XVI conservait sur les masses, ne redoutaient pas moins cette réunion que leurs ennemis.

Aux yeux des jacobins, une telle réunion allait amortir l'esprit public, endormir les défiances, réveiller les vieilles idolâtries ; enfin, royaliser la France.

Mais il n'y avait pas moyen de s'opposer à ce mouvement, qui n'avait pas eu son pareil depuis que l'Europe tout entière s'était soulevée, au xi° siècle, pour délivrer le tombeau du Christ.

Et, qu'on ne s'étonne pas, ces deux mouvements ne sont pas aussi étrangers l'un à l'autre qu'on le pourrait croire : le premier arbre de la Liberté avait été planté sur le Calvaire.

Seulement, l'Assemblée fit ce qu'elle put pour rendre la réunion moins considérable qu'on ne la sentait venir. On traîna la discussion en longueur ; de sorte qu'il devait se passer, pour ceux qui viendraient de l'extrémité du royaume ce qui, à la fédération de Lyon, s'était passé pour les députés de la Corse ; ils avaient eu beau se presser, ils n'étaient arrivés que le lendemain.

En outre, les dépenses furent mises à la charge des localités ; or, il y avait des provinces si pauvres,— et l'on savait cela, — qu'on ne supposait point qu'en faisant les plus grands efforts, elles pussent subvenir aux frais de la moitié du chemin de leurs députés, ou plutôt du quart de la route qu'ils avaient à faire, puisqu'il leur fallait, non-seulement aller à Paris, mais encore en revenir.

Mais on avait compté sans l'enthousiasme public ; on avait compté sans la cotisation, dans laquelle les riches donnèrent deux fois, une fois pour eux, une fois pour les pauvres ; on avait compté sans l'hospitalité, criant le long des chemins : « Français ! ouvrez vos portes, voilà des frères qui vous arrivent du bout de la France ! »

Et ce dernier cri surtout n'avait pas trouvé une oreille sourde, pas une porte rebelle.

Plus d'étrangers, plus d'inconnus; partout des Français, des parents, des frères ; à nous, les pèlerins de la grande fête! Venez, gardes nationaux! venez, soldats! venez, marins! Entrez, vous trouverez des pères et des mères, des épouses, dont les fils et les époux trouvent ailleurs l'hospitalité que nous vous offrons!

Pour celui qui eût pu, comme le Christ, être transporté, non pas sur la plus haute montagne de la terre, mais seulement sur la plus haute montagne de France, c'eût été un splendide spectacle que de voir ces trois cent mille citoyens marchant vers Paris, tous ces rayons de l'étoile refluant vers le centre.

Et par qui étaient guidés tous ces pèlerins de la liberté ? Par des vieillards, par de pauvres soldats de la guerre de sept ans, par des sous-officiers de Fontenoy, par des officiers de fortune à qui il avait fallu toute une vie de labeur, de courage et de dévouement pour arriver à l'épaulette de lieutenant ou aux deux épaulettes de capitaine ; pauvres mineurs qui avaient été obligés d'user avec leur front la voûte de granit de l'ancien régime militaire ! Par des marins qui avaient conquis l'Inde avec Bussy et

Dupleix, et qui l'avaient perdue avec Lally-Tollendal ; ruines vivantes brisées par le canon des champs de bataille, usées au flux et au reflux de la mer ! Pendant les derniers jours, des hommes de quatre-vingts ans firent des étapes de dix et douze lieues pour arriver à temps, et ils arrivèrent.

Au moment de se coucher pour toujours, et de s'endormir du sommeil de l'éternité, ils avaient retrouvé les forces de la jeunesse.

C'est que la patrie leur avait fait signe, les appelant à elle d'une main, et, de l'autre, leur montrant l'avenir de leurs enfants.

L'espérance marchait devant eux.

Puis ils chantaient un seul et unique chant, que les pèlerins vinssent du nord ou du midi, de l'orient ou de l'occident, de l'Alsace ou de la Belgique, de la Provence ou de la Normandie. Qui leur avait appris ce chant, rimé lourdement, pesamment, comme ces anciens cantiques qui guidaient les croisés à travers les mers de l'Archipel et les plaines de l'Asie-Mineure? Nul ne le sait! l'ange de la rénovation, qui secouait, en passant, ses ailes au-dessus de la France!

Ce chant, c'était le fameux *Ça ira!* non pas celui de 93 ; — 93 a tout interverti, tout changé, le rire en larmes, la sueur en sang!

Non, cette France tout entière, s'arrachant à elle-même pour venir apporter à Paris le serment universel, elle ne chantait point des paroles de menace, elle ne disait point ;

> « Ah ! ça ira, ça ira, ça ira,
> Les aristocrat's à la lanterne !
> Ah ! ça ira, ça ira, ça ira,
> Les aristocrat's, on les pendra ! »

Non, son chant, à elle, ce n'était point un chant de mort, c'était un chant de vie ; ce n'était point l'hymne du désespoir, c'était le cantique de l'espérance.

Elle chantait, sur un autre air, les paroles suivantes :

> « Le peuple, en ce jour, sans cesse répète :
> Ah ! ça ira, ça ira, ça ira,

Suivant les maximes de l'Évangile.
    Ah ! ça ira, ça ira, ça ira,
Du législateur tout s'accomplira :
Celui qui s'élève, on l'abaissera,
Celui qui s'abaisse, on l'élèvera ! »

Il fallait un cirque gigantesque pour recevoir, — province et Paris, — cinq cents mille âmes ; il fallait un amphithéâtre colossal pour étager un million de spectateurs :

Pour le premier, on choisit le Champ-de-Mars ;

Pour le second, les hauteurs de Passy et de Chaillot.

Seulement, le Champ-de-Mars présentait une surface plane ; il fallait en faire un vaste bassin ; il fallait le creuser, et en amonceler les terres tout autour pour former des élévations.

Quinze mille ouvriers, de ces hommes qui se plaignent éternellement tout haut de chercher en vain de l'ouvrage, et qui, tout bas, prient Dieu de n'en point trouver ; quinze mille ouvriers furent lancés avec bêches, pioches et hoyaux par la ville de Paris, pour transformer cette plaine en un vallon bordé d'un large amphithéâtre ; mais, à ces quinze mille ouvriers, trois semaines seulement restaient pour accomplir cette œuvre de Titans, et, au bout de deux jours de travail, on s'aperçut qu'il leur faudrait trois mois !

Peut-être, d'ailleurs, étaient-ils plus chèrement payés pour ne rien faire qu'ils ne l'étaient pour travailler.

Alors, se produisit une espèce de miracle auquel on put juger de l'enthousiasme parisien. Le labeur immense que ne pouvaient pas ou ne voulaient pas exécuter quelques milliers d'ouvriers fainéants, la population tout entière l'entreprit. Le jour même où le bruit se répandit que le Champ-de-Mars ne serait pas prêt pour le 14 juillet, cent mille hommes se levèrent et dirent, avec cette certitude qui accompagne la volonté d'un peuple ou la volonté d'un Dieu : « Il le sera ! »

Des députés allèrent trouver le maire

de Paris au nom de ces cent mille travailleurs, et il fut convenu avec eux que, pour ne pas nuire aux travaux de la journée, on leur donnerait la nuit.

Le même soir, à sept heures, un coup de canon fut tiré, qui annonçait que, la besogne du jour étant finie, l'œuvre nocturne allait commencer.

Et, au coup de canon, par ses quatre faces, du côté de Grenelle, du côté de la rivière, du côté du Gros-Caillou, et du côté de Paris, le Champ-de-Mars fut envahi.

Chacun apportait son instrument, hoyau, bêche, pelle ou brouette.

D'autres roulaient des tonneaux pleins de vin, accompagnés de violons, de guitares, de tambours et de fifres.

Tous les âges, tous les sexes, tous les états étaient confondus. Citoyens, soldats, abbés, moines, belles dames, dames de la halle, sœurs de charité, actrices, tout cela maniait la pioche, roulait la brouette ou menait le tombereau. Les enfants marchaient devant portant des torches, les orchestres suivaient jouant de toutes sortes d'instruments, et planant sur tout ce bruit, sur tout ce vacarme, sur tous ces instruments, s'élevait le *Ça ira*, chœur immense chanté par cent mille bouches, et auquel répondaient trois cent mille voix venant de tous les points de la France.

Au nombre des travailleurs les plus acharnés, on en remarquait deux arrivés des premiers et en uniforme ; l'un était un homme de quarante ans aux membres robustes et trapus, mais à la figure sombre.

Lui ne chantait pas et parlait à peine.

L'autre était un jeune homme de vingt ans, à la figure ouverte et souriante, aux grands yeux bleus, aux dents blanches, aux cheveux blonds ; d'aplomb sur ses grands pieds et sur ses gros genoux, il soulevait de ses larges mains des fardeaux immenses, roulait charrette et tombereau sans jamais s'arrêter, sans jamais se reposer, chantant toujours, veillant du coin de l'œil sur son compagnon, lui disant une bonne parole à laquelle celui-ci ne répondait pas, lui portant un verre de vin qu'il repoussait, revenant à sa place en levant tristement les épaules, et se remettant à travailler comme dix et à chanter comme vingt.

Ces deux hommes, c'étaient deux députés du nouveau département de l'Aisne qui, éloignés de dix-huit lieues seulement de Paris, et ayant entendu dire que l'on manquait de bras, étaient accourus en toute hâte pour offrir, l'un son silencieux travail, l'autre sa bruyante et joyeuse coopération.

Ces deux hommes, c'étaient Billot et Pitou.

Disons ce qui se passait à Villers-Cotterets pendant la troisième nuit de leur arrivée à Paris, c'est-à-dire pendant la nuit du 5 au 6 juillet, au moment juste où nous venons de les reconnaître s'escrimant de leur mieux au milieu des travailleurs.

VII

Où l'on voit ce qu'était devenue Catherine, mais où l'on ignore ce qu'elle deviendra.

Pendant cette nuit du 5 au 6 juillet, vers onze heures du soir, le docteur Raynal, qui venait de se coucher dans l'espérance, si souvent déçue chez les chirurgiens et les médecins, de dormir sa grasse nuit, le docteur Raynal, disons-nous, fut réveillé par trois coups vigoureusement frappés à sa porte.

C'était, on le sait, l'habitude du bon docteur, quand on frappait ou quand on sonnait la nuit, d'aller ouvrir lui-même, afin d'être plus vite en contact avec les gens qui pouvaient avoir besoin de lui.

Cette fois, comme les autres, il sauta à bas de son lit, passa sa robe de chambre, chaussa ses pantoufles, et descendit aussi rapidement que possible son étroit escalier.

Quelque diligence qu'il eût faite, sans doute il paraissait trop lent encore au visiteur nocturne, car celui-ci s'était remis à frapper, mais cette fois sans nombre et sans mesure, lorsque tout à coup la porte s'ouvrit.

Le docteur Raynal reconnut ce même laquais qui l'était venu chercher une certaine nuit pour le conduire près du vicomte Isidore de Charny.

— Oh! oh! dit le docteur à cette vue, encore vous, mon ami!... ce n'est point un mot de reproche, entendez-vous bien; mais, si votre maître était blessé de nouveau, il faudrait qu'il y prît garde : il ne fait pas bon aller ainsi aux endroits où il pleut des balles !

— Non, monsieur, répondit le laquais, ce n'est pas pour mon maître, ce n'est pas pour une blessure ; c'est pour quelque chose qui n'est pas moins pressé... Achevez votre toilette, voici un cheval, et l'on vous attend.

Le docteur ne demandait jamais plus de cinq minutes pour sa toilette. Cette fois-ci, jugeant, au son de voix du laquais, et surtout à la façon dont il avait frappé, que sa présence était urgente, il n'en mit que quatre.

— Me voici ! dit-il, reparaissant presque aussitôt qu'il avait disparu.

Le laquais, sans mettre pied à terre, tint la bride du cheval au docteur Raynal, qui se trouva immédiatement en selle, et qui, au lieu de tourner à gauche en sortant de chez lui, comme il avait fait la première fois, tourna à droite, suivant le laquais, qui lui indiquait le chemin.

C'était donc du côté opposé à Boursonnes qu'on le conduisait cette fois.

Il traversa le parc, s'enfonça dans la forêt, laissant Haramont à sa gauche, et se trouva bientôt dans une partie du bois si accidentée, qu'il était difficile d'aller plus loin à cheval.

Tout à coup, un homme caché derrière un arbre se démasqua en faisant un mouvement.

— Est-ce vous, docteur? demanda-t-il.

Le docteur, qui avait arrêté son cheval, ignorant les intentions du nouveau venu, reconnut à ces mots le vicomte Isidore de Charny.

— Oui, dit-il, c'est moi... Où diable me faites-vous donc mener, monsieur le vicomte?

— Vous allez voir, dit Isidore; mais descendez de cheval, je vous prie, et suivez-moi.

Le docteur descendit; il commençait à tout comprendre.

— Ah! ah! dit-il, il s'agit d'un accouchement, je parie?

Isidore lui saisit la main.

— Oui, docteur, et, par conséquent, vous me promettez de garder le silence, n'est-ce pas ?

Le docteur haussa les épaules en homme qui voulait dire : « Eh ! mon Dieu ! soyez donc tranquille ; j'en ai vu bien d'autres ! »

— Alors, venez par ici, dit Isidore répondant à sa pensée.

Et, au milieu des houx, sur les feuilles sèches et criantes, perdus sous l'obscurité des hêtres gigantesques, à travers le feuillage frémissant desquels on apercevait, de temps en temps, le scintillement d'une étoile, tous deux descendirent dans les profondeurs où nous avons dit que le pas des chevaux ne pouvait pénétrer.

Au bout de quelques instants, le docteur aperçut le haut de la pierre Clouïse.

— Oh! oh! dit-il, serait-ce dans la hutte du bonhomme Clouïs que nous allons?

— Pas tout à fait, dit Isidore, mais bien près...

Et, faisant le tour de l'immense rocher, il conduisit le docteur devant la porte d'une petite bâtisse en briques adossée à la hutte du vieux garde; si bien que l'on aurait pu croire, et que l'on croyait effectivement dans les environs, que le bonhomme, pour plus grande commodité, avait ajouté cette annexe à son logement.

Il est vrai que, — à part même Catherine, gisante sur le lit, — on eût été détrompé par le premier coup d'œil jeté dans l'intérieur de cette petite chambre.

Un joli papier tendu sur la muraille, des rideaux d'étoffe pareille à ce papier pendants aux deux fenêtres; entre ces deux fenêtres, une glace élégante; au-dessous de cette glace, une toilette garnie de tous ses ustensiles en porcelaine; deux chaises, deux fauteuils, un petit canapé et une petite bibliothèque; — tel était l'intérieur presque confortable, comme on dirait aujourd'hui, qui s'offrait à la vue en entrant dans cette petite chambre.

Mais le regard du bon docteur ne s'arrêta sur rien de tout cela. Il avait vu la femme étendue sur le lit, il allait droit à la souffrance.

En apercevant le docteur, Catherine avait caché son visage entre ses deux mains, qui ne pouvaient contenir ses sanglots ni cacher ses larmes.

Isidore s'approcha d'elle et prononça son nom; elle se jeta dans ses bras.

— Docteur, dit le jeune homme, je vous confie la vie et l'honneur de celle qui n'est aujourd'hui que ma maîtresse, mais qui, je l'espère, sera un jour ma femme.

— Oh! que tu es bon, mon cher Isidore, de me dire de pareilles choses, quand tu sais bien qu'il est impossible qu'une pauvre fille comme moi soit jamais vicomtesse de Charny; mais je ne t'en remercie pas moins... Tu sais que je vais avoir besoin de forces, et tu veux m'en donner; sois tranquille, j'aurai du courage! Et le premier, le plus grand que je puisse avoir, c'est de me montrer à vous à visage découvert, cher docteur, et de vous offrir la main.

Et elle tendit la main au docteur Raynal.

Une douleur plus violente qu'aucune de celles qu'avait encore éprouvées Catherine crispa sa main au moment même où celle du docteur Raynal la toucha.

Celui-ci fit, du regard, un signe à Isidore, qui comprit que le moment était venu.

Le jeune homme s'agenouilla devant le lit de la patiente.

— Catherine, mon enfant chéri, lui dit-il, sans doute, je devrais rester là, près de toi, à te soutenir et à t'encourager ; mais, j'en ai peur, la force me manquerait... Cependant, si tu le désires...

Catherine passa son bras autour du cou d'Isidore.

— Va, dit-elle, va... Je te remercie de tant m'aimer; que tu ne puisses pas me voir souffrir.

Isidore appuya ses lèvres contre celles de la pauvre enfant, serra encore une fois la main du docteur Raynal, et s'élança hors de la chambre.

Pendant deux heures, il erra comme ces ombres dont parle Dante, qui ne peuvent s'arrêter pour prendre un instant de repos, et qui, si elles s'arrêtent, sont relancées par un démon qui les pique de son trident de fer. A chaque instant, après un cercle plus ou moins grand, il revenait à cette porte derrière laquelle s'accomplissait le douloureux mystère de l'enfantement; mais presque aussitôt un cri poussé par Catherine, en pénétrant jusqu'à lui, le frappait comme le trident de fer du damné, et le forçait de reprendre sa course errante, s'éloignant sans cesse du but où elle revenait sans cesse.

Enfin, il s'entendit appeler, au milieu de la nuit, par la voix du docteur, et par une voix plus douce et plus faible. En deux bonds, il fut à la porte, ouverte cette fois, et sur le seuil de laquelle le docteur l'attendait, élevant un enfant entre ses bras.

— Hélas! hélas! Isidore, dit Catherine, maintenant, je suis doublement à toi; — à toi comme maîtresse, à toi comme mère!

Huit jours après, à la même heure, dans la nuit du 13 au 14 juillet, la porte se rouvrait ; deux hommes portaient dans une litière une femme et un enfant qu'un jeune homme escortait à cheval, en recommandant aux porteurs les plus grandes précautions ; arrivé à la grande route d'Haramont à Villers-Cotterets, le cortège trouva une bonne berline attelée de trois chevaux, dans laquelle montèrent la mère et l'enfant.

Le jeune homme donna, alors, quelques ordres à son domestique, mit pied à terre, lui jeta aux mains la bride de son cheval, et monta à son tour dans la voiture, qui, sans s'arrêter à Villers-Cotterets et sans le traverser, longea seulement le parc depuis la Faisanderie jusqu'au bout de la rue de Largny, et, arrivée là, prit au grand trot la route de Paris.

Avant de partir, le jeune homme avait laissé une bourse d'or à l'intention du père Clouïs, et la jeune femme une lettre à l'adresse de Pitou.

Le docteur Raynal avait répondu que, vu la prompte convalescence de la malade et la bonne constitution de l'enfant, qui était un garçon, le voyage de Villers-Cotterets à Paris pouvait, dans une bonne voiture, se faire sans aucun accident.

C'était en vertu de cette assurance qu'Isidore s'était décidé à ce voyage, rendu nécessaire, d'ailleurs, par le prochain retour de Billot et de Pitou.

Dieu, qui, jusqu'à un certain moment, veille parfois sur ceux que plus tard il semble abandonner, avait permis que l'accouchement eût lieu en l'absence de Billot, qui, d'ailleurs, ignorait la retraite de sa fille, et de Pitou, qui, dans son innocence, n'avait pas même soupçonné la grossesse de Catherine.

Vers cinq heures du matin, la voiture arrivait à la porte Saint-Denis ; mais elle ne pouvait traverser les boulevards, à cause de l'encombrement occasionné par la fête du jour.

Catherine hasarda sa tête hors de la portière ; mais elle la rentra à l'instant même en poussant un cri, et en se cachant dans la poitrine d'Isidore.

Les deux premières personnes qu'elle venait de reconnaître parmi les fédérés étaient Billot et Pitou!

VII

Le 14 juillet 1790.

Ce travail qui, d'une plaine immense, devait faire une immense vallée entre deux collines, avait, en effet, grâce à la coopération de Paris tout entier, été achevé dans la soirée du 15 juillet.

Beaucoup des travailleurs, afin d'être sûrs d'y avoir leur place le lendemain, y avaient couché, comme des vainqueurs couchent sur le champ de bataille.

Billot et Pitou étaient allés rejoindre les fédérés, et avaient pris place au milieu d'eux sur le boulevard. Le hasard fit, comme nous l'avons vu, que la place assignée aux députés du département de l'Aisne était justement celle où alla se heurter la voiture qui amenait à Paris Catherine et son enfant.

Et, en effet, cette ligne, composée de fédérés seulement, s'étendait de la Bastille au boulevard Bonne-Nouvelle.

Chacun avait fait de son mieux pour recevoir ces hôtes bien-aimés. Quand on sut que les Bretons, ces aînés de la liberté arrivaient, les vainqueurs de la Bastille allèrent au-devant d'eux jusqu'à Saint-Cyr, et les gardèrent comme leurs hôtes.

Il y eut, alors, des élans étranges de désintéressement et de patriotisme.

Les aubergistes se réunirent, et, d'un commun accord, au lieu d'augmenter leurs prix, les abaissèrent. — Voilà pour le désintéressement.

Les journalistes, ces âpres joûteurs de tous les jours, qui se font une guerre incessante avec ces passions qui aigrissent en général les haines au lieu de les éteindre, qui écartent les cœurs au lieu de les rapprocher; les journalistes, deux du moins : Loustalot et Camille Desmoulins, proposèrent un pacte fédératif entre les écrivains ; ils renonceraient à toute concurrence, à toute jalousie, ils promettraient de ne ressentir désormais d'autre émulation que celle du bien public. Voilà pour le patriotisme.

Malheureusement, la proposition de ce pacte n'eut pas d'écho dans la presse, et y resta, pour le présent comme pour l'avenir, à titre de sublime utopie.

L'Assemblée avait reçu, de son côté, une portion de la secousse électrique qui remuait la France comme un tremblement de terre. Quelques jours auparavant, elle avait, sur la proposition de MM. de Montmorency et de la Fayette, aboli la noblesse héréditaire, défendue par l'abbé Maury, fils d'un savetier de village.

Dès le mois de février, l'Assemblée avait commencé par abolir l'hérédité du mal; elle avait décidé, à propos de la pendaison des frères Agasse, condamnés pour faux billets de commerce, que l'échafaud ne flétrirait plus ni les enfants ni les parents du coupable.

En outre, le jour même où l'Assemblée abolissait la transmission du privilège, comme elle avait aboli la transmission du mal, un Allemand, un homme des bords du Rhin, qui avait échangé ses prénoms de Jean-Baptiste contre celui d'Anacharsis, Anacharsis Clootz, baron prussien, né à Clèves, s'était présenté à sa barre comme député du genre humain ; il conduisait derrière lui une vingtaine d'hommes de toutes les nations, dans leurs costumes nationaux, tous proscrits et venant demander, au nom des peuples, les seuls souverains légitimes, leur place à la fédération.

Une place avait été assignée à l'*Orateur du genre humain*.

D'un autre côté, l'influence de Mirabeau se faisait sentir tous les jours. Grâce à ce puissant champion, la cour conquérait des partisans, non-seulement dans les rangs de la droite, mais encore dans ceux de la gauche. L'Assemblée avait voté, nous dirons presque d'enthousiasme, vingt-quatre millions de liste civile pour le roi, et un douaire de quatre millions pour la reine.

C'était largement rendre à tous deux les deux cent huit mille francs de dettes qu'ils avaient payé pour l'éloquent tribun, et les six mille livres de rente qu'ils lui faisaient par mois.

Du reste, Mirabeau ne paraissait pas s'être trompé non plus sur l'esprit des provinces : ceux des fédérés qui furent vus par Louis XVI apportaient à Paris l'enthousiasme pour l'Assemblée nationale; mais, en même temps, la religion pour la royauté. Ils levaient leur chapeau devant M. Bailly, en criant : « Vive la Nation! » mais ils s'agenouillaient devant Louis XVI, et déposaient leurs épées à ses pieds, en criant : « Vive le roi! »

Malheureusement, le roi, peu poétique, peu chevaleresque, répondait mal à tous ces élans du cœur.

Malheureusement, la reine, trop fière, trop Lorraine, si l'on peut dire, n'estimait point comme ils le méritaient ces témoignages venant du cœur.

Puis, la pauvre femme ! elle avait quelque chose de sombre au fond de la pensée, quelque chose de pareil à un de ces points obscurs qui tachent la face du soleil.

Ce quelque chose de sombre, cette

tache qui rongeait son cœur, c'était l'absence de Charny ; de Charny, qui certes eût pu revenir, et qui restait près de M. de Bouillé.

Un instant, quand elle avait vu Mirabeau, elle avait eu l'idée, à titre de distraction, de faire de la coquetterie avec cet homme ; le puissant génie avait flatté son amour-propre royal et féminin en se courbant à ses pieds ; mais, au bout du compte, qu'est-ce, pour le cœur, que le génie ? qu'importent aux passions ces triomphes de l'amour-propre, ces victoires de l'orgueil ?... Avant tout, dans Mirabeau, la reine, de ses yeux de femme, avait vu l'homme matériel, l'homme avec son obésité maladive, ses joues sillonnées, creusées, déchirées, bouleversées par la petite-vérole, son œil rouge, son col engorgé. Elle lui avait immédiatement comparé Charny ; Charny, l'élégant gentilhomme à la fleur de l'âge, dans la maturité de la beauté, sous son brillant uniforme qui lui donnait l'air du prince des batailles ; tandis que Mirabeau, sous son costume, ressemblait, quand le génie n'animait pas sa puissante figure, à un chanoine déguisé. Elle avait haussé les épaules, elle avait poussé un profond soupir ; avec des yeux rougis par les veilles et par les larmes, elle avait essayé de percer la distance, et, d'une voix douloureuse et pleine de sanglots, elle avait murmuré : « Charny ! ô Charny ! »

Qu'importaient à cette femme, en de

pareils moments, les populations accumulées à ses pieds? Que lui importaient ces flots d'homme poussés comme une marée par les quatre vents du ciel, et venant battre les degrés du trône en criant : « Vive le roi ! vive la reine ! » Une voix connue qui eût murmuré à son oreille : « Marie, rien n'est changé en moi ! Antoinette, je vous aime ! » cette voix lui eût fait croire que rien non plus n'était changé autour d'elle, et eût plus fait, par la satisfaction du cœur, pour la sérénité de ce front, que toutes ces promesses, que tous ces serments !

Enfin, le 14 juillet était venu impassiblement et à son heure, amenant avec lui ces grands et ces petits évènements qui font à la fois l'histoire des humbles et des puissants, du peuple et de la royauté.

Comme si ce dédaigneux 14 juillet n'eût pas su qu'il venait pour éclairer un spectacle inouï, splendide, il vint le front voilé de nuages, soufflant le vent et la pluie.

Mais une des qualités du peuple français est de rire de tout, même de la pluie les jours de fête.

Les gardes nationaux parisiens et les fédérés provinciaux, entassés sur les boulevards depuis cinq heures du matin, trempés de pluie, mourants de faim, riaient et chantaient.

Il est vrai que la population parisienne, qui ne pouvait pas les garantir de la pluie, eut au moins l'idée de les guérir de la faim.

De toutes les fenêtres on commença à leur descendre, avec des cordes, des pains, des jambons et des bouteilles de vin.

Il en fut de même dans toutes les rues par où ils passèrent.

Pendant leur marche, cent cinquante mille personnes prenaient place sur les tertres du Champ-de-Mars, et cent cinquante mille autres se tenaient debout derrière elles.

Quant aux amphithéâtres de Chaillot

et de Passy, ils étaient chargés de spectateurs dont il était impossible de savoir le nombre.

Magnifique cirque! gigantesque amphithéâtre! splendide arène! où eut lieu la fédération de la France, et où aura lieu, un jour, la fédération du monde.

Que nous voyions cette fête ou que nous ne la voyions pas, qu'importe! nos fils la verront; le monde la verra.

Une des grandes erreurs de l'homme est de croire que le monde tout entier est fait pour sa courte vie, tandis que ce sont ces enchaînements d'existences infiniment courtes, éphémères, presque invisibles, excepté à l'œil de Dieu, qui font *le temps,* c'est-à-dire la période plus ou moins longue pendant laquelle la Providence, cette Isis aux quadruples mamelles qui veille sur les nations, travaille à son œuvre mystérieuse et poursuit son incesante genèse.

Et, certes, tous ceux qui étaient là croyaient bien la tenir de près par ses deux ailes, la fugitive déesse qu'on appelle la Liberté, qui n'échappe et ne disparaît que pour reparaître, à chaque fois, plus fière et plus brillante.

Ils se trompaient comme se trompèrent leurs fils lorsqu'ils crurent l'avoir perdue.

Aussi quelle joie, quelle confiance

dans cette foule, dans celle qui attendait assise ou debout, comme dans celle qui, passant le pont de bois bâti devant Chaillot, entrait dans le Champ-de-Mars par l'arc-de-triomphe.

A mesure que se succédaient les bataillons de fédérés, de grands cris d'enthousiasme, et, peut-être un peu d'étonnement à la vue qui frappait leurs yeux, de grands cris poussés par le cœur s'échappaient de toutes les bouches.

Et, en effet, jamais pareil spectale n'avait ébloui l'œil de l'homme.

Le Champ-de-Mars transformé comme par enchantement ; une plaine changée, en moins d'un mois, en une vallée d'une lieue de tour !

Sur les talus quadrangulaires de cette vallée, trois cent mille personnes assises ou debout!

Au milieu, l'autel de la patrie, auquel on monte par quatre escaliers correspondant aux quatre faces de l'obélisque qui le surmonte.

A chaque angle du monument, d'immenses cassolettes brûlant cet encens que l'Assemblée nationale a décidé qu'on ne brûlerait plus que pour Dieu.

Sur chacune de ses grandes faces, des inscriptions annonçant au monde que le peuple français est libre, et conviant les autres nations à la liberté...

O grande joie de nos pères, à cette vue

tu fus si vive, si profonde, si réelle, que les tressaillements en sont venus jusqu'à nous !

Et, cependant, le ciel était parlant comme un augure antique..

A chaque instant de lourdes averses, des raffales de vent, des nuages sombres : — 1795, — 1814, — 1825 !

Puis, de temps en temps, au milieu de tout cela, un soleil brillant : — 1830, — 1848 !

O prophète qui fusses venu dire l'avenir à ce million d'hommes, comment eusses-tu été reçu ?

Comme les Grecs recevaient Calchas ;

comme les Troyens recevaient Cassandre.

Mais, ce jour-là, on n'entendait que deux voix, — la voix de la Foi, à laquelle répondait celle de l'Espérance.

Devant les bâtiments de l'École-Militaire, des galeries étaient dressées.

Ces galeries couvertes de draperies et surmontées de drapeaux aux trois couleurs étaient réservées pour la reine, pour la cour et pour l'Assemblée nationale.

Deux trônes pareils et s'élevant à trois pieds de distance l'un de l'autre, étaient destinés au roi et au président de l'Assemblée.

Le roi, nommé, *pour ce jour seulement,* chef suprême et absolu des gardes nationales de France, avait transmis son commandement à M. de la Fayette.

La Fayette était donc, ce jour-là, généralissime-connétable de six millions d'hommes armés.

Sa fortune était pressée d'arriver au faîte; plus grande que lui, elle ne pouvait tarder à décliner et à s'éteindre.

Ce jour, elle fut à son apogée; mais, comme ces apparitions nocturnes et fantastiques qui dépassent peu à peu toutes les proportions humaines, elle n'avait grandi démesurément que pour se dissoudre en vapeur, s'évanouir et disparaître.

Mais, pendant la fédération, tout était réel, et tout avait la puissance de la réalité :

Peuple qui devait donner sa démission, roi dont la tête devait tomber, généralissime que les quatre pieds de son cheval blanc devaient mener à l'exil.

Et, cependant, sous cette pluie hivernale, sous ces raffales tempétueuses, à la lueur de ces rares rayons, non pas même de soleil, mais de jour, filtrant à travers la voûte sombre des nuages, les fédérés entraient dans l'immense cirque par les trois ouvertures de l'arc-de-triomphe ; puis, après leur avant-garde, pour ainsi dire, — vingt-cinq mille hommes environ se développant sur deux lignes circulaires pour embrasser les contours du cirque, — venaient les électeurs de Paris; ensuite, les représentants de la commune; enfin, l'Assemblée nationale.

Tous ces corps, qui avaient leurs places retenues dans les galeries adossées à l'École-Militaire, suivaient une ligne droite s'ouvrant seulement, comme le flot devant un rocher, pour côtoyer l'autel de la patrie; se réunissant au-delà comme ils avaient été réunis en deçà, et touchant déjà de la tête les galeries, tandis que la queue, immense serpent, étendait son dernier repli jusqu'à l'arc-de-triomphe.

Derrière les électeurs, les représentants de la commune et l'Assemblée nationale, venait le reste du cortège : fédérés, députations militaires, gardes nationaux.

Chaque département portant sa bannière distinctive, mais reliée, enveloppée, nationalisée, par cette grande ceinture de bannières tricolores qui disait aux yeux et aux cœurs ces deux mots, les seuls avec lesquels les peuples, ces ouvriers de Dieu, font les grandes choses : *Patrie! Unité!*

En même temps que le président de l'Assemblée nationale montait à son fauteuil, le roi montait au sien, et la reine prenait place dans sa tribune.

Hélas! pauvre reine! sa cour était

mesquine; ses meilleures amies avaient eu peur et l'avaient quittée. Peut-être, si l'on eût su que, grâce à Mirabeau, le roi avait obtenu vingt-cinq millions de liste civile, et la reine quatre millions de douaire, peut-être quelques-unes seraient-elles revenues; mais on l'ignorait.

Quant à celui qu'elle cherchait inutilement des yeux, Marie-Antoinette savait que, celui-là, ce n'était ni l'or ni la puissance qui l'attiraient près d'elle.

A son défaut, ses yeux au moins voulurent s'arrêter sur un ami fidèle et dévoué.

Elle demanda où était M. Isidore de

Charny, et pourquoi, la royauté ayant si peu de partisans au milieu d'une si grande foule, ses défenseurs n'étaient pas à leur poste autour du roi, ou aux pieds de la reine.

Nul ne savait où était Isidore de Charny, et celui qui lui eût répondu qu'à cette heure il conduisait une petite paysanne, sa maîtresse, dans une modeste maison bâtie sur le versant de la montagne de Bellevue, lui eût fait certainement hausser les épaules de pitié, s'il ne lui eût pas serré le cœur de jalousie.

Qui sait, en effet, si l'héritière des Césars n'eût pas donné trône et couronne n'eût pas consenti à être une paysanne obscure, fille d'un obscur fermier, pour être aimée encore d'Olivier comme Catherine était aimée d'Isidore ?

Sans doute c'étaient toutes ces pensées qu'elle roulait dans son esprit, lorsque Mirabeau, saisissant un de ses regards douteux, moitié rayon du ciel, moitié éclair d'orage, ne put s'empêcher de dire tout haut :

— Mais à quoi pense-t-elle donc, la magicienne ?

Si Cagliostro eût été à portée d'entendre ces paroles, peut-être eût-il pu lui répondre : « Elle pense à la fatale machine que je lui ai fait voir au château de Taverney dans une carafe, et qu'elle a reconnue un soir aux Tuileries, sous la plume du docteur Gilbert. » Et il serait trompé, le grand prophète qui se trompait si rarement.

Elle pensait à Charny absent et à l'amour éteint.

Et, cela, au bruit de cinq cents tambours et de deux mille instruments de musique que l'on entendait à peine parmi les cris de : « Vive le roi ! vive la loi ! vive la nation ! »

Tout à coup; un grand silence se fit.

Le roi était assis comme le président de l'Assemblée nationale.

Deux cents prêtres vêtus d'aubes blanches s'avançaient vers l'autel précédés de l'évêque d'Autun, M. de Talleyrand, le patron de tous les prêteurs de serment passés, présents et futurs.

Il monta les marches de l'autel de son pied boiteux, le Méphistophélès attendant le Faust qui devait apparaître au 13 vendémiaire.

Une messe dite par l'évêque d'Autun ! nous avions oublié cela au nombre des mauvais présages.

Ce fut à ce moment que l'orage redoubla ; on eût dit que le ciel protestait contre ce faux prêtre qui allait profaner le saint sacrifice de la messe, donner pour tabernacle au Seigneur une poitrine que devaient souiller tant de parjures à venir.

Les bannières des départements et les drapeaux tricolores rapprochés de l'autel, lui faisaient une ceinture flottante dont le vent du sud-ouest déroulait et agitait violemment les mille couleurs.

La messe achevée, M. de Talleyrand descendit quelques marches, et bénit le drapeau national, et les bannières des quatre-vingt-trois départements.

Puis commença la cérémonie sainte du serment.

La Fayette jurait le premier au nom des gardes nationales du royaume.

Le président de l'Assemblée nationale jurait le second, au nom de la France.

Le roi jurait le troisième, en son propre nom.

La Fayette descendit de cheval, traversa l'espace qui le séparait de l'autel, en monta les degrés, tira son épée, en appuya la pointe sur le livre des Évangiles, et, d'une voix ferme et assurée :

— Nous jurons, dit-il, d'être à jamais fidèles à la nation, à la loi, au roi!... de maintenir de tout notre pouvoir la constitution décrétée par l'Assemblée nationale et acceptée par le roi... de protéger, conformément aux lois, la sûreté des personnes et des propriétés, la circulation des grains et subsistances dans l'intérieur du royaume, la perception des contributions publiques, sous quelque forme qu'elles existent... de demeurer unis à tous les Français par les liens indissolubles de la fraternité !

Il s'était fait un grand silence pendant ce serment.

A peine fut-il achevé, que cent pièces de canon s'enflammèrent à la fois et donnèrent le signal aux départements voisins.

Alors, de toute ville fortifiée, partit un immense éclair suivi de ce tonnerre menaçant inventé par les hommes, et qui, si la supériorité se mesure au désastre, a depuis longtemps vaincu celui de Dieu.

Comme les cercles produits par une

pierre jetée au milieu d'un lac, et qui vont s'élargissant jusqu'à ce qu'ils atteignent le bord, chaque cercle de flamme, chaque grondement de tonnerre, s'élargit ainsi marchant du centre à la circonférence, de Paris à la frontière, du cœur de la France à l'étranger.

Puis le président de l'Assemblée nationale se leva à son tour, et tous les députés debout autour de lui, il dit :

— Je jure d'être fidèle à la nation, à la loi, au roi, et de maintenir de tout mon pouvoir la constitution décrétée par l'Assemblée nationale et acceptée par le roi !

Et à peine avait-il achevé que la même

flamme brilla, que la même foudre retentit et roula d'échos en échos, vers toutes les extrémités de la France.

C'était le tour du roi.

Il se leva.

Silence ! écoutez tous de quelle voix il va faire le serment national, celui qui le trahissait en le faisant.

Prenez garde, Sire ! le nuage se déchire, le ciel s'ouvre, le soleil paraît.

Le soleil, c'est l'œil de Dieu : — Dieu vous regarde !

— Moi, roi des Français, dit Louis XVI, je jure d'employer tout le pouvoir qui m'est délégué par la loi constitutionnelle de l'État à maintenir la constitution décrétée par l'Assemblée nationale et acceptée par moi, et à faire exécuter les lois !

Oh ! Sire, Sire, pourquoi, cette fois encore, n'avez-vous pas voulu jurer à l'autel ?

Le 21 juin répondra au 14 juillet ; Varennes dira le mot de l'énigme du Champ-de-Mars...

Mais, faux ou réel, le serment n'en fit pas moins sa flamme et son bruit.

Les cent pièces de canon éclatèrent comme elles avaient fait pour la Fayette et pour le président de l'Assemblée, et l'artillerie des départements alla porter, une troisième fois, ce menaçant avis aux rois de l'Europe : « Prenez garde, la France est debout! Prenez garde, la France veut être libre! et, comme cet ambassadeur romain qui portait dans un pli de son manteau la paix ou la guerre, elle est prête à secouer son manteau sur le monde! »

IX

Ici l'on danse.

Il y eut une heure d'immense joie dans toute cette multitude.

Mirabeau en oublia un instant la reine; Billot en oublia un instant Catherine.

Le roi se retira au milieu des acclamations universelles.

L'Assemblée regagna la salle de ses séances accompagnée du même cortège.

Quant au drapeau donné par la ville de Paris aux vétérans de l'armée, il fut, — dit l'*Histoire de la révolution, par deux amis de la liberté*, — il fut décrété qu'il resterait suspendu aux voûtes de l'Assemblée comme un monument pour les législateurs à venir, de l'heureuse époque qu'on venait de célébrer, et *comme un emblême propre à rappeler aux troupes qu'elles sont soumises aux deux pouvoirs et qu'elles ne peuvent le déployer sans leur intervention mutuelle.*

Chapelin, sur la proposition duquel fut rendu ce décret, prévoyait-il donc le 27 juillet, le 24 février, le 2 décembre ?

La nuit vint. La fête du matin avait été au Champ-de-Mars ; la fête du soir fut à la Bastille.

Quatre-vingt-trois arbres, — autant qu'il y avait de départements, — représentèrent, couverts de leurs feuilles, les huit tours de la forteresse, sur les fondements desquelles ils étaient plantés ; des cordons de lumière couraient d'arbre en arbre ; au milieu s'élevait un mât gigantesque portant un drapeau sur lequel on lisait le mot LIBERTÉ ; près des fossés, dans une tombe laissée ouverte à dessein, étaient enterrés les fers, les chaînes, les grilles de la Bastille, et ce fameux bas-relief de l'horloge, représentant des esclaves enchaînés. En outre, on avait laissé béants, en les éclairant d'une façon lugubre, ces cachots qui avaient absorbé tant de larmes et étouffé tant de gémissements ; enfin, lorsqu'attiré par la musique qui retentissait au milieu du feuillage on pénétrait jusqu'à l'endroit où était autrefois la cour intérieure, on y trouvait une salle de bal ardemment éclairée, au-dessus de l'entrée de laquelle on lisait ces mots, qui n'étaient que la réalisation de la prédiction de Cagliostro ;

ICI L'ON DANSE.

A l'une des mille tables dressées autour de la Bastille, et sous cet ombrage improvisé qui représentait la forteresse presqu'aussi exactement que les petites pierres taillées de M. l'architecte Palloy, deux hommes réparaient leurs forces épuisées par toute une journée de marches, de contre marches et de manœuvres.

Ils avaient devant eux un énorme saucisson, un pain de quatre livres et deux bouteilles de vin.

— Ah! par ma foi, dit en vidant son verre d'un seul trait le plus jeune des deux hommes, qui portait le costume de capitaine de la garde nationale, tandisque l'autre, plus âgé du double au moins, portait celui de fédéré, par ma foi c'est une bonne chose de manger quand on a faim, et de boire quand on a soif!

Puis, après une pause :

— Mais vous n'avez donc ni soif ni faim, vous, père Billot? demanda-t-il.

— J'ai mangé et j'ai bu, répondit celui-ci ; et je n'ai plus ni soif ni faim, que d'une chose...

— De laquelle?

— Je te dirai cela, ami Pitou, quand l'heure de me mettre à table sera venue...

Pitou ne vit point malice dans la réponse de Billot. — Billot avait peu bu et peu mangé, malgré la fatigue de la journée et *la faim qu'il faisait*, comme disait Pitou ; mais, depuis son départ de Villers-Cotterets pour Paris, et pendant les jours ou plutôt les cinq nuits de travail au Champs-de-Mars, Billot avait également très peu bu et très peu mangé.

Pitou savait que certaines indispositions, sans être autrement dangereuses, enlevaient momentanément l'appétit aux organisations les plus robustes, et, à chaque fois qu'il avait remarqué combien peu mangeait Billot, il lui avait demandé, comme il venait de le faire, pourquoi il ne mangeait pas, — demande à laquelle Billot avait répondu qu'il n'avait pas faim, — réponse qui avait suffi à Pitou.

Seulement, il y avait une chose qui contrariait Pitou ; ce n'était pas la sobriété d'estomac de Billot : chacun est libre de manger peu ou prou ; d'ailleurs, moins Billot mangeait, plus il en restait à Pitou ; — c'était la sobriété de paroles du fermier.

Quand Pitou mangeait en compagnie, Pitou aimait à parler ; il avait remarqué que, sans que la parole nuisît à la déglutition, elle aidait à la digestion ; et cette remarque avait jeté de si profondes racines dans son esprit que, quand Pitou mangeait seul, il chantait.

A moins que Pitou ne fût triste.

Mais Pitou n'avait aucun motif pour être triste, au contraire !

Sa vie d'Haramont, depuis un certain

temps, était redevenue fort agréable. Pitou, on l'a vu, aimait ou plutôt adorait Catherine, et j'invite le lecteur à prendre le mot à la lettre. Or, que faut-il à l'Italien ou à l'Espagnol qui adore la madone! Voir la madone, s'agenouiller devant la madone, prier la madone!

Que faisait Pitou?

Dès que la nuit était venue, il partait pour la pierre Clouïse, il voyait Catherine, il s'agenouillait devant Catherine il priait Catherine!

Et la jeune fille, reconnaissante de l'immense service que lui avait rendu Pitou, le laissait faire; — elle avait les yeux ailleurs, plus loin, plus haut.

Seulement, de temps en temps il y

avait un petit sentiment de jalousie chez le brave garçon, quand il apportait de la poste une lettre d'Isidore pour Catherine, ou quand il portait à la poste une lettre de Catherine pour Isidore.

Mais, à tout prendre, cette situation était incomparablement meilleure que celle qui lui avait été faite à la ferme à son retour de Paris, lorsque Catherine, reconnaissant dans Pitou un démagogue, un ennemi des nobles et des aristocrates, l'avait mis à la porte en lui disant qu'il n'y avait pas d'ouvrage à la ferme pour lui.

Pitou, qui ignorait la grossesse de Catherine, ne faisait donc aucun doute que cette situation ne dût durer éternellement.

Aussi avait-il quitté Haramont avec grand regret, mais forcé par son grade supérieur de donner l'exemple du zèle, et avait-il pris congé de Catherine en la recommandant au père Clouïs, et en promettant de revenir le plus tôt possible.

Pitou n'avait donc rien laissé derrière lui qui pût le rendre triste. A Paris, Pitou n'avait été se heurter contre aucun évènement qui pût faire naître ce sentiment dans son cœur.

Il avait trouvé le docteur Gilbert, auquel il avait rendu compte de l'emploi de ses vingt-cinq louis, et rapporté les remerciements et les vœux des trente-trois gardes nationaux qu'à l'aide de ces vingt-cinq louis il avait vêtus ; et le docteur Gilbert lui en avait donné vingt-cinq autres pour être appliqués, non plus, cette fois, aux besoins exclusifs de la garde nationale, mais en même temps aux siens propres.

Pitou avait accepté simplement et naïvement les vingt-cinq louis.

Puisque M. Gilbert, qui était un Dieu pour lui, donnait, il n'y avait pas de mal à recevoir.

Quand Dieu donnait la pluie ou le soleil, il n'était jamais venu à l'idée de Pitou de prendre un parapluie ou un parasol pour repousser les dons de Dieu.

Non, il avait accepté l'un et l'autre, et,

comme les fleurs, comme les plantes, comme les arbres, il s'en était toujours bien trouvé.

En outre, après avoir réfléchi un instant, Gilbert avait relevé sa belle tête pensive et lui avait dit :

— Je crois, mon cher Pitou, que Billot a beaucoup de choses à me raconter ; ne voudrais-tu pas, pendant que je causerai avec Billot, faire une visite à Sébastien ?

— Oh ! si fait, monsieur Gilbert, s'écria Pitou en frappant ses deux mains l'une contre l'autre comme un enfant ; j'en avais grande envie à part moi, mais je n'osais pas vous en demander la permission.

Gilbert réfléchit encore un instant.

Puis, prenant une plume, il écrivit quelques mots qu'il plia en lettre et qu'il adressa à son fils.

— Tiens, dit-il, prends une voiture et va trouver Sébastien ; probablement, d'après ce que je lui écris, aura-t-il une visite à faire ; tu le conduiras où il doit aller, n'est-ce pas, mon cher Pitou, et tu l'attendras à la porte ? Peut-être te fera-t-il attendre une heure, peut-être davantage ; mais je connais ta complaisance : tu te diras que tu me rends un service, et tu ne t'ennuieras pas.

— Oh ! non, soyez tranquille, dit Pitou, je ne m'ennuie jamais, monsieur

Gilbert. D'ailleurs, je prendrai, en passant devant un boulanger, un bon morceau de pain, et, si je m'ennuie dans la voiture, je mangerai.

— Bon moyen ! avait répondu Gilbert : seulement, Pitou, ceci soit dit comme hygiène, avait-il ajouté en souriant, il ne faut pas manger de pain sec, et il est bon de boire en mangeant.

— Alors, avait repris Pitou, j'achèterai, en outre du morceau de pain, un morceau de fromage de cochon et une bouteille de vin.

— Bravo ! s'était écrié Gilbert.

Et, sur cet encouragement, Pitou était

descendu, avait pris un fiacre, s'était fait conduire au collège Saint-Louis, avait demandé Sébastien, qui se promenait dans le jardin réservé, l'avait pris dans ses bras comme Hercule fait de Thélèphe, et l'avait embrassé tout à son aise ; puis, en le reposant à terre, lui avait remis la lettre de son père.

Sébastien avait d'abord baisé la lettre avec ce doux respect et ce tendre amour qu'il avait pour son père ; puis, après un instant de réflexion :

— Pitou, demanda-t-il, mon père ne t'a-t-il point dit que tu devais me conduire quelque part ?

— Si cela te convenait d'y aller...

— Oui, oui, dit vivement l'enfant, oui, cela me convient, et tu diras à mon père que j'ai accepté avec empressement.

— Bon ! dit Pitou, il paraît que c'est un endroit où tu t'amuses ?

— C'est un endroit où je n'ai été qu'une fois, Pitou ; mais je suis bien heureux d'y retourner !

— En ce cas, dit Pitou, il n'y a qu'à prévenir l'abbé Bérardier que tu sors... Nous avons un fiacre à la porte, et je t'emmène.

— Eh bien, pour ne pas perdre de temps, mon cher Pitou, dit le jeune homme, porte toi-même à l'abbé ce petit mot de mon père... Je fais un peu de toilette, et je te rejoins dans la cour.

Pitou porta son petit mot au directeur des études, prit un *exeat*, et descendit dans la cour.

L'entrevue avec l'abbé Bérardier avait amené une certaine satisfaction d'amour-propre chez Pitou ; il s'était fait reconnaître pour ce pauvre paysan coiffé d'un casque, armé d'un sabre et légèrement privé de culotte, qui, le jour même de la prise de la Bastille, il y avait un an, avait fait émeute dans le collège à la fois par les armes qu'il avait, et par le vêtement qui lui manquait. Aujourd'hui, il s'y présentait avec le chapeau à trois cornes, l'habit bleu, le revers blanc, la culotte courte, les épaulettes de capitaine sur l'épaule ; aujourd'hui, il s'y présentait avec cette confiance en soi-même que donne la considération dont vous entourent vos concitoyens ; aujourd'hui, il s'y présentait comme député à la confédération ; il avait donc droit à toutes sortes d'égards.

Aussi l'abbé Bérardier eut-il pour Pitou toutes sortes d'égards !

Presque en même temps que Pitou descendait l'escalier du directeur des études, Sébastien, qui avait chambre à part, descendait l'escalier de sa chambre.

Ce n'était plus un enfant que Sébastien ; c'était un charmant jeune homme de seize à dix-sept ans, dont les beaux cheveux châtains encadraient le visage, et dont les yeux bleus lançaient ces premières flammes juvéniles dorées comme les rayons du jour naissant.

— Me voici, dit-il tout joyeux à Pitou; partons !

Pitou le regarda avec une si grande joie mêlée d'un si grand étonnement, que Sébastien fut obligé de répéter une seconde fois son invitation.

A cette seconde fois, Pitou suivit le jeune homme.

Arrivés à la grille :

— Ah çà ! dit Pitou à Sébastien, tu sais

que j'ignore où nous allons ; c'est donc à toi de donner l'adresse.

— Sois tranquille ! dit Sébastien.

Et, s'adressant au cocher :

— Rue Coq-Héron, n° 9, — dit-il, — à la première porte cochère en entrant par la rue Coquillière.

Cette adresse ne disait absolument rien à Pitou ; aussi Pitou monta-t-il dans la voiture derrière Sébastien, sans faire aucune observation.

— Mais, mon cher Pitou, dit Sébastien, si la personne chez laquelle je vais est chez elle, probablement y resterai-je une heure et peut-être davantage.

— Ne t'inquiète pas de cela, Sébastien, dit Pitou en ouvrant sa grande bouche pour rire joyeusement, le cas est prévu... Eh! cocher, arrêtez!

En effet, on passait devant un boulanger; le cocher s'arrêta; Pitou descendit, acheta un pain de deux livres, et remonta dans le fiacre.

Un peu plus loin, Pitou arrêta le cocher une seconde fois.

C'était devant un cabaret.

Pitou descendit, acheta une bouteille de vin, et reprit sa place près de Sébastien.

Enfin, Pitou arrêta le cocher une troisième fois.

C'était devant un charcutier.

Pitou descendit et acheta un quart de fromage de cochon.

— Là! maintenant, dit-il, allez, sans vous arrêter rue Coq-Héron ; j'ai tout ce qu'il me faut.

— Bon! dit Sébastien, je comprends ton affaire, à présent, et je suis tout à fait tranquille.

La voiture roula jusqu'à la rue Coq-Héron, et ne s'arrêta qu'au n° 9.

A mesure qu'il approchait de cette

maison, Sébastien paraissait pris d'une agitation fébrile qui allait croissant. Il se tenait debout dans le fiacre, passait la tête par la portière, et criait au cocher, sans que cette invitation, il faut le dire en l'honneur du cocher et de ses deux rosses, fît faire un pas plus vite au fiacre :

— Allez donc, cocher! mais allez donc!

Cependant, comme il faut que chaque chose atteigne son but, le ruisseau la rivière, la rivière le fleuve, le fleuve l'Océan, le fiacre atteignit la rue Coq-Héron, et s'arrêta, comme nous avons dit, au n° 9.

Aussitôt, sans attendre l'aide du cocher, Sébastien ouvrit la portière, embrassa une dernière fois Pitou, sauta à terre, sonna vivement à la porte qui s'ouvrit, demanda au concierge madame la comtesse de Charny, et, avant qu'on lui eût répondu, s'élança vers le pavillon.

Le concierge, qui vit un charmant enfant beau et bien mis, n'essaya pas même de l'arrêter, et, comme la comtesse était chez elle, il se contenta de refermer la porte, après s'être assuré que personne ne suivait l'enfant et ne désirait entrer avec lui.

Au bout de cinq minutes, pendant que Pitou entamait de son couteau le quart de fromage de cochon, tenait entre ses genoux la bouteille débouchée, et mordait à belles dents le pain tendre à la croûte croquante, la portière du fiacre s'ouvrit, et le concierge, son bonnet à la main, adressa à Pitou ces paroles, qu'il lui fit répéter deux fois :

— Madame la comtesse de Charny prie M. le capitaine Pitou de lui faire l'honneur d'entrer chez elle, au lieu d'attendre M. Sébastien dans ce fiacre.

Pitou, nous l'avons dit, se fit répéter ces paroles deux fois ; mais, comme à la seconde il n'y avait pas moyen de s'y méprendre, force lui fut, avec un soupir, d'avaler sa bouchée, de restituer au papier qui l'enveloppait la partie du fromage de cochon qu'il avait déjà séparée du tout, et d'accoter proprement sa bouteille dans l'angle du fiacre, afin que le vin ne s'en échappât point.

Puis, tout étourdi de l'aventure, il suivit le concierge.

Mais son étourdissement redoubla, quand il se vit attendu dans l'antichambre par une belle dame qui serrait Sébastien sur sa poitrine, et, lui tendant la main, dit à lui Pitou :

— Monsieur Pitou, vous venez de me faire une joie si grande et si inespérée, en m'amenant Sébastien, que j'ai voulu vous remercier moi-même.

Pitou regardait, Pitou balbutiait ; mais

Pitou laissait la main de la belle dame étendue vers lui.

— Prends cette main et baise-là, Pitou, dit Sébastien, ma mère le permet.

— Ta mère ? dit Pitou.

Sébastien fit de la tête un signe d'affirmation.

— Oui, sa mère ! dit Andrée, le regard rayonnant de joie ; sa mère, à laquelle vous l'avez ramené après neuf mois d'absence ! sa mère, qui ne l'avait vu qu'une fois, et qui, dans l'espérance que vous le lui ramènerez encore, ne veut pas avoir de secrets pour vous, quoique ce secret dût-être sa perte, s'il était connu.

Chaque fois qu'on s'adressait au cœur ou à la loyauté de Pitou, on était bien sûr que le brave garçon perdait à l'instant même tout trouble et toute hésitation.

— Oh! madame, s'écria-t-il en saisissant la main que lui tendait la comtesse de Charny, et en la baisant, soyez tranquille, votre secret est là!

Et, se relevant, il posa, avec une certaine dignité, sa main sur son cœur.

— Maintenant, monsieur Pitou, poursuivit la comtesse, mon fils m'a dit que vous n'aviez pas déjeuné... Entrez dans la salle à manger, et, pendant que je causerai avec Sébastien,— vous voudrez bien accorder ce bonheur à une mère, n'est-ce pas? — on vous servira et vous réparerez le temps perdu.

Et, saluant Pitou d'un de ces regards qu'elle n'avait jamais eus pour les plus riches seigneurs de la cour de Louis XV ou de Louis XVI, elle entraîna Sébastien à travers le salon, jusque dans sa chambre à coucher, laissant Pitou, assez étourdi encore, attendre dans la salle à manger l'effet de la promesse qui venait de lui être faite.

Au bout de quelques instants, cette promesse était remplie : deux côtelettes, un poulet froid et un pot de confitures étaient dressés sur la table près d'une bouteille de vin de Bordeaux, d'un verre à pied de cristal de Venise fin comme de la mousseline, et d'une pile d'assiettes de porcelaine de Chine.

Malgré l'élégance du service, nous n'oserions dire que Pitou ne regretta point son pain de deux livres, son fromage de cochon et sa bouteille de vin au cachet vert.

Comme il entamait son poulet, après avoir absorbé ses deux côtelettes, la porte de la salle à manger s'ouvrit, et un jeune gentilhomme parut s'apprêtant à traverser cette salle pour gagner le salon.

Pitou leva la tête, le jeune gentilhomme baissa les yeux ; tous deux se reconnurent en même temps, et, en même temps, poussèrent ce double cri de reconnaissance :

— Monsieur le vicomte de Charny !

— Ange Pitou !

Pitou se leva ; son cœur battait violemment : la vue du jeune homme lui rappelait les émotions les plus violentes qu'il eût jamais éprouvées.

Quant à Isidore, la vue de Pitou ne lui rappelait absolument rien, que les obligations que Catherine lui avait dit avoir au brave garçon.

Il ignorait, et n'avait pas même l'idée de supposer cet amour profond de Pitou pour Catherine, amour dans lequel Pitou avait eu la force de puiser son dévouement.

En conséquence, il vint droit à Pitou, dans lequel, malgré son uniforme et sa double épaulette, l'habitude lui faisait voir le paysan d'Haramont, le colleteur de la Bruyère-aux-Loups, le garçon de ferme de Billot.

— Ah! c'est vous, monsieur Pitou, dit-il, enchanté de vous rencontrer pour vous faire tous mes remercîments sur les services que vous nous avez rendus.

— Monsieur le vicomte, dit Pitou d'une voix assez ferme, quoiqu'il sentît tout son corps frissonner, ces services, je les ai rendus en vue de mademoiselle Catherine, et à elle seule.

— Oui, jusqu'au moment où vous avez su que je l'aimais... Depuis ce moment, je dois donc prendre ma part de ces services, et, comme, tant pour recevoir mes lettres que pour faire bâtir cette petite maison de la pierre Clouïse, vous avez dû dépenser quelque chose...

Et Isidore porta la main à sa poche, comme pour interroger par une démonstration la conscience de Pitou.

Mais celui-ci l'arrêta.

— Monsieur, dit-il avec cette dignité qu'on était parfois étonné de trouver en lui, je rends des services quand je puis, mais je ne les fais pas payer... D'ailleurs, je vous le répète, ces services, je les ai rendus à mademoiselle Catherine... Mademoiselle Catherine est mon amie ; si elle croit me devoir quelque chose, elle règlera cette dette avec moi. Mais, vous, monsieur, vous ne me devez rien, car j'ai tout fait pour mademoiselle Catherine, et rien pour vous... vous n'avez donc rien à m'offrir.

Ces paroles, et surtout le ton dont elles étaient dites, frappèrent Isidore. Peut-être fut-ce alors seulement qu'il s'aperçut que celui qui les prononçait était vêtu d'un habit d'uniforme et portait des épaulettes de capitaine.

— Si fait, monsieur Pitou, insista Isidore en inclinant légèrement la tête, je vous dois quelque chose, et j'ai quelque chose à vous offrir : je vous dois mes remerciments, et j'ai à vous offrir ma main. J'espère que vous me ferez le plaisir d'accepter les uns, et l'honneur de toucher l'autre.

Il y avait une telle grandeur de façons dans la réponse d'Isidore et dans le geste qui l'accompagnait, que Pitou, vaincu, étendit la main, et, du bout des doigts, toucha les doigts d'Isidore.

En ce moment, la comtesse de Charny parut sur le seuil de la porte du salon.

— Monsieur le vicomte, dit-elle, vous m'avez fait demander... me voici.

Isidore salua Pitou, et se rendit à l'invitation de la comtesse en passant au salon.

Seulement, comme il allait repousser la porte du salon, sans doute pour se trouver seul avec la comtesse, Andrée retint cette porte, qui demeura entre-bâillée.

L'intention de la comtesse était visiblement que cela fût ainsi.

Pitou put entendre ce qui se disait dans le salon.

Il remarqua que la porte du salon parallèle à la sienne, et qui était celle de la chambre à coucher, était ouverte aussi, de sorte que, bien qu'il fût invisible, Sébastien pourrait entendre ce qui allait se dire entre la comtesse et le vicomte comme il pourrait l'entendre lui-même.

— Vous m'avez fait demander, monsieur, dit la comtesse à son beau-frère. Puis-je savoir ce qui me vaut la bonne fortune de votre visite ?

— Madame, dit Isidore, j'ai reçu hier des nouvelles d'Olivier. Comme il l'avait fait dans les autres lettres que j'ai reçues de lui, il me charge de remettre ses souvenirs à vos pieds, — il ne sait encore l'époque de son retour, — et serait heureux, me dit-il, d'avoir de vos nouvelles, soit que vous veuilliez bien me remettre une lettre pour lui, soit que simplement vous me chargiez de vos compliments.

— Monsieur, dit la comtesse, je n'ai pas pu répondre jusqu'aujourd'hui à la lettre que M. de Charny m'a écrite en partant, puisque j'ignore où il est ; mais je profiterai volontiers de votre entremise pour lui présenter les devoirs d'une femme soumise et respectueuse. Demain donc, si vous voulez faire prendre une lettre pour M. de Charny, je tiendrai cette lettre prête, et à son intention.

— Ecrivez toujours la lettre, madame, dit Isidore ; seulement, au lieu de la venir prendre demain, je la viendrai prendre dans cinq ou six jours... J'ai à faire un voyage d'absolue nécessité ; le temps qu'il durera précisément, je l'ignore ; mais, à peine de retour, je viendrai vous présenter mes hommages, et prendre vos commissions.

Et Isidore salua la comtesse, qui lui rendit son salut, et sans doute lui indiqua une autre sortie, car, pour se retirer, il ne traversa point la salle à manger, où Pitou, après avoir eu raison du poulet, comme il avait eu raison des deux côtelettes, commençait à attaquer le pot de confitures.

Le pot de confitures était achevé depuis longtemps, et net comme le verre dans lequel Pitou venait de boire les dernières gouttes de sa bouteille de vin de Bordeaux, lorsque la comtesse reparut ramenant Sébastien.

Il eût été difficile de reconnaître la

sévère mademoiselle de Taverney ou la grave comtesse de Charny, dans la jeune mère aux yeux resplendissants de joie, à la bouche éclairée d'un ineffable sourire, qui reparaissait appuyée sur son enfant; ses joues pâles avaient pris, sous des larmes d'une douceur inconnue et versées pour la première fois, une teinte rosée qui étonnait Andrée elle-même, que l'amour maternel, c'est-à-dire la moitié de l'existence de la femme, venait de faire rentrer en elle pendant ces deux heures passées avec son enfant.

Elle couvrit encore une fois de baisers le visage de Sébastien, puis elle le remit à Pitou en serrant la rude main du brave garçon entre ses deux mains blanches, qui semblaient du marbre réchauffé et amolli.

Sébastien, de son côté, embrassait Andrée avec cette ardeur qu'il mettait à tout ce qu'il faisait, et qu'avait pu seule, à l'endroit de sa mère, refroidir pour un instant cette imprudente exclamation qu'Andrée n'avait pu retenir lorsqu'il lui avait parlé de Gilbert.

Mais, pendant sa solitude au collége Saint-Louis, pendant ses promenades dans le jardin réservé, le doux fantôme maternel avait reparu, et l'amour était rentré peu à peu au cœur de l'enfant; de sorte que, lorsque était arrivée à Sébastien cette lettre qui lui permettait d'aller, sous la conduite de Pitou, passer une heure ou deux avec sa mère, cette lettre avait comblé les plus secrets et les plus tendres désirs de l'enfant.

C'était une délicatesse de Gilbert qui avait tant retardé cette entrevue : il comprenait que, conduisant lui-même Sébastien chez Andrée, il lui enlevait par sa présence la moitié du bonheur qu'elle avait à voir son fils, et en l'y faisant conduire par un autre que Pitou, ce bon cœur et cette âme naïve, il compromettait un secret qui n'était pas le sien.

Pitou prit congé de la comtesse de Charny sans faire une question, sans jeter un regard de curiosité sur ce qui l'entourait, et, traînant Sébastien, qui, à moitié tourné en arrière, échangeait des baisers avec sa mère, il regagna le fiacre, où il retrouva son pain, son fromage de cochon enveloppé de papier et sa bouteille de vin accotée dans son coin.

Pas plus en cela que dans son départ de Villers-Cotterets, il n'y avait rien encore qui pût attrister Pitou.

Dès le soir, Pitou avait été travailler au Champ-de-Mars ; il y était retourné le lendemain et les jours suivants ; il y avait reçu force compliments de Maillard, qui l'avait reconnu, et de M. Bailly, à qui il s'était fait reconnaître ; il avait retrouvé là MM. Elie et Hullin, vainqueurs de la Bastille comme lui, et il avait vu sans envie la médaille qu'ils portaient à leur boutonnière, et à laquelle lui et Billot avaient autant de droits que qui que ce fût au monde. Enfin, le fameux jour venu, il avait été dès le matin prendre son rang avec Billot à la porte Saint-Denis; il avait, au bout de trois cordes différentes, décroché un jambon, un pain et une bouteille de vin; il était arrivé à la hauteur de l'autel de la patrie, où il avait dansé une farandole, tenant, d'une main une actrice de l'Opéra, et de l'autre une religieuse bernardine. A l'entrée du roi, il était allé reprendre son rang, et il avait eu la satisfaction de se voir représenter par la Fayette, ce qui était un grand honneur pour lui, Pitou; puis, les serments prêtés, les coups de canon tirés, les fanfares jetées dans les airs quand la Fayette avait passé, avec son cheval blanc, entre les rangs de ses chers camarades, il avait eu la joie d'être reconnu par lui et d'avoir part à une de ces trente ou quarante mille poignées de main que le général avait distribuées dans la journée. Après quoi, il avait quitté le Champ-de-Mars avec Billot, s'était arrêté à regarder les jeux, les illuminations et les feux d'artifice des Champs-Élysées ; puis avait suivi les boulevards ; puis, pour ne rien perdre des divertissements de ce grand jour, au lieu d'aller se coucher comme tel autre à qui les jambes eussent rentré dans le corps après une pareille fatigue, lui, qui ne savait pas ce que c'était que d'être fatigué, il était venu à la Bastille, où il avait trouvé, dans la tour du coin, une table inoccupée sur laquelle il avait fait apporter, comme nous l'avons dit, deux livres de pain, deux bouteilles de vin et un saucisson.

Pour un homme qui ignorait qu'en annonçant à madame de Charny une absence de sept ou huit jours, c'était à Villers-Cotterets qu'Isidore allait passer ces sept ou huit jours ; pour un homme qui ignorait que, six jours auparavant, Catherine était accouchée d'un garçon, qu'elle avait quitté la petite maison de la pierre Clouïse dans la nuit, qu'elle était arrivée le matin à Paris avec Isidore et qu'elle avait poussé un cri et s'était rejetée dans la voiture en l'apercevant, lui et Billot, à la porte Saint-Denis, — il n'y avait rien de bien triste, au contraire, dans ce travail au Champ-de-Mars, dans cette rencontre de M. Maillard, de M. Bailly de M. Elie et de M. Hullin ; dans cette farandole dansée entre une actrice de l'Opéra et une religieuse bernardine, dans cette reconnaissance de la Fayette, dans cette poignée de main qu'il avait eu l'honneur de recevoir de lui ; enfin, dans ces illuminations, ces feux d'artifice, cette Bastille factice, et cette table chargée d'un pain, d'un saucisson et de deux bouteilles de vin.

La seule chose qui eût pu attrister Pitou, dans tout cela, c'était la tristesse de Billot.

X

Le Rendez-Vous.

Aussi, comme on l'a vu au commencement du chapitre précédent, Pitou résolut-il, autant pour se tenir en gaîté lui-même que pour dissiper la tristesse de Billot, — aussi, disons-nous, Pitou résolut-il de lui adresser la parole.

— Dites donc, père Billot, entama Pitou après un moment de silence pendant lequel il semblait avoir fait provision de paroles, comme un tirailleur, avant de commencer le feu, fait provision de cartouches, — qui diable aurait pu deviner, il y a juste un an et deux jours, quand mademoiselle Catherine me donnait un louis et coupait les cordes qui me liaient les mains.... avec ce couteau-là, tenez.... qui est-ce qui se serait douté qu'en un an et deux jours il arriverait tant d'événements ?

— Personne, répondit Billot, sans que Pitou eût remarqué quel regard terrible avait lancé l'œil du fermier quand lui, Pitou, avait prononcé le nom de Catherine.

Pitou attendit, pour savoir si Billot n'ajouterait pas quelques mots au mot solitaire qu'il venait de répondre, en échange d'une phrase assez longue, et qui lui paraissait passablement bien tournée.

Mais, voyant que Billot gardait le silence, Pitou, comme ce tirailleur dont nous parlions à l'instant même, rechargea son arme, et, tirant une seconde fois :

— Dites donc, père Billot, continua-t-il, qui est-ce qui nous aurait dit, quand vous couriez après moi dans la plaine d'Ermenonville; quand vous avez manqué crever Cadet, et me faire crever, moi; quand vous m'avez rejoint; quand vous vous êtes nommé ; quand vous m'avez fait monter en croupe ; quand vous avez changé de cheval à Dammartin, pour être plus vite à Paris ; quand nous sommes arrivés à Paris pour voir brûler les barrières ; quand nous avons été bousculés dans le faubourg de la Villette par les Kaiserlitz ; quand nous avons rencontré une procession qui criait : « Vive M. Necker ! » et « Vive le duc d'Orléans ! » quand vous avez eu l'honneur de porter un des bâtons de la civière sur laquelle étaient les bustes de ces deux grands hommes, tandis que j'essayais de sauver la vie à Margot ; quand Royal-Allemand a tiré sur nous place Vendôme, et que le buste de M. Necker vous est tombé sur la tête ; quand nous nous sommes sauvés par la rue Saint-Honoré en criant : « Aux armes! on assassine nos frères! » qui est-ce qui nous aurait dit que nous prendrions la Bastille?

— Personne, répondit le fermier aussi laconiquement que la première fois.

— Diable ! fit Pitou à part lui, après avoir attendu un instant, il paraît que c'est un parti pris... Voyons, faisons feu une troisième fois.

Puis, tout haut :

— Dites donc, père Billot, reprit-il, qui donc aurait cru, quand nous eûmes pris la Bastille, qu'un an, jour pour jour, après cette prise, je serais capitaine ; que vous seriez fédéré, et que nous souperions tous les deux, moi surtout, dans une Bastille de feuillage qui serait plantée juste à l'endroit où l'autre était bâtie ?... hein ! qui donc aurait cru cela ?

— Personne, répéta Billot d'un air plus sombre encore que les deux premières fois.

Pitou reconnut qu'il n'y avait pas moyen de faire parler le fermier ; mais il s'en consola en pensant qu'il n'avait nullement aliéné le droit de parler tout seul.

Il continua donc, laissant à Billot le

droit de repondre, si cela lui faisait plaisir.

— Quand je pense qu'il y a juste un an que nous sommes entrés à l'Hôtel-de-Ville ; que vous avez pris M. de Flesselles... pauvre M. de Flesselles ! où est-il ? où est la Bastille !... que vous avez pris M. de Flesselles au collet ; que vous lui avez fait donner la poudre, pendant que je montais la garde à la porte, et, en outre de la poudre, un petit billet pour M. de Launay ; qu'après la poudre distribuée, nous avons quitté M. Marat, qui allait aux Invalides, pour venir, nous, à la Bastille ; qu'à la Bastille nous avons trouvé M. Gonchon, le Mirabeau du peuple, comme ils l'appelaient... savez-vous ce qu'il est devenu, M. Gonchon, père Billot?... hein! savez-vous ce qu'il est devenu?

Billot se contenta, cette fois, de secouer négativement la tête.

— Vous ne savez pas? continua Pitou; ni moi non plus... peut-être aussi ce qu'est devenue la Bastille, ce qu'est devenu M. de Flesselles... ce que nous deviendrons tous! ajouta philosophiquement Pitou; *pulvis es et in pulverem reverteris!*... Quand je pense que c'est par la porte qui était là, et qui n'y est plus, que vous êtes entré, après avoir fait écrire par M. Maillard la fameuse note sur la cassette, que je devais lire au peuple, si vous ne reparaissiez pas! quand je pense que c'est là où sont ces fers et ces chaînes, dans ce grand trou qui ressemble à une fosse, que vous avez rencontré M. de Launay... Pauvre M. de Launay! je le vois encore avec son habit gris de lin, son chapeau à trois cornes, son ruban rouge et sa canne à épée... Encore un qui est allé rejoindre M. de Flesselles!... quand je pense que ce M. de Launay vous a fait voir la Bastille de fond en comble, vous l'a fait étudier, vous l'a fait mesurer... des murs de trente pieds d'épaisseur à la base, et de quinze pieds au sommet!... que vous êtes monté avec lui sur les tours, et que même vous l'avez menacé, s'il n'était pas sage, de vous jeter du haut en bas des tours avec lui; quand je pense qu'en descendant, il vous a fait voir cette pièce de canon qui, dix minutes plus tard, m'aurait envoyé où est ce pauvre M. de Flesselles, et où est ce pauvre M. de Launay lui-même, si je n'avais pas trouvé un angle où me ranger !... Quand je pense, enfin, qu'en venant de voir tout cela, vous avez dit, comme s'il s'agissait d'escalader un grenier à foin, un pigeonnier ou un moulin à vent : « Amis ! prenons la Bastille ! » et que nous l'avons prise, cette fameuse Bastille ; si bien prise, qu'aujourd'hui, nous voilà assis à l'endroit où elle était, mangeant du saucisson et buvant du vin de Bourgogne à la place même de la tour qu'on appelait *troisième Berthaudière*, et où était M. le docteur Gilbert... quelle singulière chose ! et quand je pense à tout ce tapage, à tous ces cris, à toutes ces rumeurs, à tout ce bruit... Tiens! fit Pitou, à propos de bruit, qu'est-ce que celui-là, dites donc, père Billot?... Il se passe quelque chose ou il passe quelqu'un... tout le monde court, tout le monde se lève... venez donc, père Billot, venez donc !

Pitou souleva Billot en lui passant sa main sous le bras; et tous deux, Pitou avec curiosité, Billot avec insouciance, se portèrent du côté d'où venait ce bruit.

Ce bruit était causé par un homme qui avait le privilège rare de faire partout du bruit sur son passage.

Au milieu de ces rumeurs, on entendait les cris de : « Vive Mirabeau ! » poussés par ces poitrines vigoureuses qui sont les dernières à changer d'opinion sur les hommes qu'elles ont une fois adoptés.

C'était, en effet, Mirabeau, qui, une femme au bras, était venu visiter la nouvelle Bastille, et qui, ayant été reconnu, occasionnait toute cette rumeur.

La femme était voilée.

Un autre que Mirabeau eût été effrayé de tout ce tumulte qu'il traînait après lui, et surtout d'entendre, sous cette grande voix qui le glorifiait, quelques cris de sourde menace, de ces cris, enfin, qui suivaient le char du triomphateur romain en lui disant : « César ! n'oublie pas que tu es mortel ! »

Mais lui, l'homme des orages, qui, pareil à l'oiseau des tempêtes, semblait n'être bien qu'au milieu du tonnerre et des éclairs, lui traversait tout ce tumulte le visage souriant, l'œil calme et le geste dominateur, tenant à son bras cette femme inconnue qui frissonnait au souffle de sa terrible popularité.

Sans doute, comme Sémélé, l'imprudente avait voulu voir Jupiter, et voilà que la foudre était tout près de la consumer !

— Ah ! M. de Mirabeau ! dit Pitou ; tiens, c'est là M. de Mirabeau ? le Mirabeau des nobles?... Vous rappelez-vous, père Billot, que c'est ici, à peu près, que nous avons vu M. Gonchon, le Mirabeau du peuple, et que je vous ai dit : « Je ne sais pas comment est le Mirabeau des nobles, mais je trouve celui du peuple assez laid ! » Eh bien, savez-vous, aujourd'hui que je les ai vus tous les deux, je les trouve aussi laids l'un que l'autre... Mais ça n'empêche pas, n'en rendons pas moins hommage au grand homme.

Et Pitou monta sur une chaise, et, de la chaise, sur une table, mettant son tricorne au bout de son épée, et criant : « Vive M. de Mirabeau ! »

Billot ne laissa échapper aucun signe

de sympathie ou d'antipathie; il croisa simplement ses deux bras sur sa robuste poitrine, et murmura d'une voix sombre :

— On dit qu'il trahit le peuple !

— Bah ! dit Pitou, on a dit cela de tous les grands hommes de l'antiquité, depuis Aristote jusqu'à Cicéron.

Et, d'une voix plus pleine et plus sonore que la première fois :

— Vive Mirabeau ! cria-t-il, tandis que l'illustre orateur disparaissait entraînant avec lui ce tourbillon d'hommes, de rumeurs et de cris.

— C'est égal, dit Pitou en sautant à

bas de sa table, je suis bien aise d'avoir vu M. de Mirabeau... Allons finir notre seconde bouteille, et achever notre saucisson, père Billot.

Et il entraînait le fermier vers la table où, en effet, les attendait les restes du repas absorbé à peu près par Pitou seul, lorsqu'ils s'aperçurent qu'une troisième chaise avait été approchée de leur table, et qu'un homme qui semblait les attendre était assis sur cette chaise.

Pitou regarda Billot qui regardait l'inconnu.

Il est vrai que le jour était un jour de fraternité, et permettait, par conséquent, une certaine familiarité entre concitoyens ; mais, aux yeux de Pitou, qui n'avait pas bu sa seconde bouteille et n'avait pas achevé son saucisson, c'était une familiarité presque aussi grande que celle du joueur inconnu près du chevalier de Grammont.

Et encore celui qu'Hamilton appelle la *petite citrouille* demandait-il pardon au chevalier de Grammont de « la familiarité grande, » tandis que l'inconnu ne demandait pardon de rien, ni à Billot ni à Pitou, et les regardait, au contraire, avec un certain air railleur qui semblait lui être naturel.

Sans doute, Billot n'était pas d'humeur à supporter ce regard sans explication, car il s'avança rapidement vers l'inconnu ; mais, avant que le fermier eût ouvert la bouche ou risqué un geste, l'inconnu avait fait un signe maçonnique, auquel Billot avait répondu.

Ces deux hommes ne se connaissaient pas, c'est vrai, mais ils étaient frères.

Au reste, l'inconnu était vêtu, comme Billot, d'un costume de fédéré. Seulement, à certains changements dans ce costume, le fermier reconnut que celui qui le portait avait dû, dans la journée même, faire partie de ce petit groupe d'étrangers qui suivait Anacharsis Clootz, et qui avait représenté à la fête la députation du genre humain.

Ce signe fait par l'inconnu, et rendu

par Billot, Billot et Pitou reprirent leur place.

Billot inclina même la tête en manière de salut, tandis que Pitou souriait gracieusement.

Cependant, comme tous deux semblaient interroger l'inconnu du regard, ce fut lui qui prit le premier la parole.

— Vous ne me connaissez pas, frères, dit-il, et pourtant, moi, je vous connais tous deux.

Billot regarda fixement l'étranger, et Pitou, plus expansif, s'écria :

— Bah! vraiment, vous nous connaissez?

— Je te connais, capitaine Pitou, dit l'étranger ; je te connais, fermier Billot.

— Ça y est ! dit Pitou.

— Pourquoi cet air sombre, Billot ? demanda l'étranger ; est-ce parce que, vainqueur de la Bastille, où tu es entré le premier, on a oublié de te pendre à la boutonnière la médaille du 14 juillet, et de te rendre aujourd'hui les honneurs qu'on a rendus à MM. Maillard, Élie et Hullin ?

Billot sourit d'un air de mépris.

— Si tu me connais, frère, dit-il, tu dois savoir qu'une pareille misère ne saurait attrister un cœur comme le mien.

— Alors, serait-ce parce que, dans la générosité de ton âme, tu as tenté vainement de t'opposer aux meurtres de Launay, de Foulon et de Berthier.

— J'ai fait ce que j'ai pu, et dans la mesure de mes forces, pour que ces crimes ne fussent point commis, dit Billot; j'ai revu plus d'une fois, dans mes rêves, ceux qui ont été victimes de ces crimes, et pas un d'eux n'a eu l'idée de m'accuser.

— Est-ce parce que, après le 6 octobre, en revenant à ta ferme, tu as trouvé les granges vides et les terres en friche?

— Je suis riche, dit Billot, peu m'importe une récolte perdue !

— Alors, dit l'inconnu en regardant Billot en face, c'est donc parce que ta fille Catherine...

— Silence! dit le fermier en saisissant le bras de l'inconnu, ne parlons pas de cela!

— Pourquoi pas, dit l'inconnu, si je t'en parle pour t'aider dans ta vengeance?

— Alors, dit Billot, pâlissant et souriant à la fois, alors, c'est autre chose... parlons-en!

Pitou ne pensait plus ni à boire ni à manger; il regardait l'inconnu comme il eût regardé un magicien.

— Et, dit l'étranger avec un sourire, ta vengeance, comment entend-elle se venger, dis? est-ce mesquinement, en essayant de tuer un individu, comme tu as voulu le faire?

Billot pâlit à devenir livide; Pitou sentit un frisson lui courir par tout le corps.

— Est-ce en poursuivant tout une caste?

— C'est en poursuivant tout une caste, dit Billot, car le crime de l'un est le crime de tous, et M. Gilbert, à qui je me suis plaint, m'a dit : « Pauvre Billot ! ce qui t'arrive, à toi, est déjà arrivé à cent mille pères ! que feraient donc les jeunes nobles, s'ils n'enlevaient pas les filles du peuple, et les vieux, s'ils ne mangeaient pas l'argent du roi? »

— Ah! il t'a dit cela, Gilbert?

— Vous le connaissez ?

L'inconnu sourit.

— Je connais tous les hommes, dit-il, comme je te connais, toi, Billot, le fermier de Pisseleu; comme je connais Pitou, le capitaine de la garde nationale d'Haramont; comme je connais le vicomte Isidore de Charny, seigneur de Boursonnes; comme je connais Catherine...

— Je t'ai déjà dit de ne pas prononcer ce nom-là, frère.

— Et pourquoi cela ?

— Parce qu'il n'y a plus de Catherine.

— Qu'est-elle donc devenue ?

— Elle est morte !

— Mais non, elle n'est pas morte, père Billot, s'écria Pitou, puisque...

Et, sans doute, il allait ajouter : « Puisque je sais où elle est, moi, et que je la vois tous les jours ; » quand Billot répéta d'une voix qui n'admettait pas de réplique :

— Elle est morte !

Pitou s'inclina ; il avait compris.

Catherine, vivante pour les autres peut-être, était morte pour son père.

— Ah ! ah ! fit l'inconnu, si j'étais Diogène, j'éteindrais ma lanterne ; je crois que j'ai rencontré un homme.

Puis, se levant et offrant son bras à Billot :

— Frère, dit-il, viens faire un tour avec moi, tandis que ce brave garçon achèvera sa bouteille de vin et son saucisson.

— Volontiers, dit Billot, car je commence à comprendre ce que tu viens m'offrir.

Et, prenant le bras de l'inconnu :

— Attends-moi ici, dit-il à Pitou, je reviens.

— Dites-donc père Billot, fit Pitou, si vous êtes longtemps, je vais m'ennuyer, moi ; il ne me reste plus qu'un demi-verre de vin, une bribe de saucisson, et une lèche de pain.

— C'est bien, mon brave Pitou, dit l'inconnu, on connaît la mesure de ton appétit, et l'on va t'envoyer de quoi te faire prendre patience en nous attendant.

En effet, à peine l'inconnu et Billot avaient-ils disparu à l'angle d'une des murailles de verdure, qu'un nouveau saucisson, un second pain et une troisième bouteille de vin ornaient la table de Pitou.

Pitou ne comprenait rien à ce qui venait de se passer ; il était à la fois fort étonné et fort inquiet.

Mais l'étonnement et l'inquiétude, comme toutes les émotions en général, creusaient l'estomac de Pitou.

Pitou éprouva donc, tant il était étonné et surtout inquiet, un irrésistible besoin de faire honneur aux provisions qu'on venait de lui apporter, et il s'abandonnait à ce besoin avec l'ardeur que nous lui connaissons, quand Billot reparut seul, et revint silencieusement, quoique le front éclairé d'une lueur qui ressemblait à de la joie, reprendre sa place à table en face de Pitou.

— Eh bien ! demanda celui-ci au fermier, qu'y a-t-il de nouveau, père Billot?

— Il y a de nouveau que tu repartiras seul demain, Pitou.

— Et vous donc? demanda le capitaine de la garde nationale.

— Moi? dit Billot; moi, je reste !

XI

La Loge de la rue Plâtrière.

Si nos lecteurs veulent, — huit jours étant écoulés depuis les évènements que nous venons de leur raconter, — si nos lecteurs veulent, disons-nous, retrouver quelques-uns des principaux personnages de notre histoire, personnages qui, non-seulement ont joué un rôle dans le passé, mais qui encore sont destinés à jouer un rôle dans l'avenir, il faut qu'ils se placent avec nous près de cette fontaine de la rue Plâtrière, où nous avons vu Gilbert, enfant et hôte de Rousseau, venir tremper son pain dur. Une fois là, nous surveillerons et suivrons un homme qui ne peut point tarder à passer, et que nous reconnaîtrons, non plus à son costume de fédéré, costume qui, après le départ des cent mille députés envoyés par la France, ne saurait être porté sans attirer sur celui qui le porte une plus grande somme d'attention que ne le désire notre personnage, mais au costume simple, quoique cossu, d'un riche fermier des environs de Paris.

Je n'ai pas besoin de dire, maintenant,

au lecteur que ce personnage n'est autre que Billot, lequel suit la rue Saint-Honoré, longe les grilles du Palais-Royal, — auquel le récent retour du duc d'Orléans, exilé pendant plus de huit mois à Londres, vient de rendre toute sa splendeur nocturne, — prend à sa gauche la rue de Grenelle, et s'engage sans hésitation dans la rue Plâtrière.

Cependant, arrivé juste en face de la fontaine où nous l'attendons, il s'arrête, il hésite; non pas que le cœur lui fasse défaut; — ceux qui le connaissent savent parfaitement que, si le brave fermier avait décidé d'aller en enfer, il irait sans pâlir; — mais, sans doute, parce que les renseignements lui manquent.

Et, en effet, il n'est pas difficile de voir, pour nous surtout qui avons intérêt à épier ses démarches, il n'est pas difficile de voir qu'il examine et étudie chaque porte en homme qui ne veut pas commettre d'erreur.

Cependant, malgré cet examen, il est arrivé aux deux tiers de la rue à peu près sans avoir trouvé ce qu'il cherche ; mais, là, le passage est encombré par les citoyens qui s'arrêtent autour d'un groupe de musiciens du milieu duquel s'élève une voix d'homme chantant des chansons de circonstance sur les évènements ; ce qui probablement ne suffirait pas à exciter une aussi grande curiosité, si un ou deux couplets de chaque chanson n'étaient pas destinés à relever les autres par des épigrammes sur les individus.

Il y en a une, entre autres, intitulée le *Manège*, qui fait pousser des cris de joie à la foule. Comme l'Assemblée nationale siège sur l'ancien emplacement du Manège, non-seulement les différentes couleurs de l'Assemblée ont pris les nuances de la race chevaline, — les noirs et les blancs, les alezans et les bais, — mais encore les individus ont pris les noms des chevaux : Mirabeau s'appelle le *Pétulant ;* le comte de Clermont-Tonnerre, l'*Ombrageux ;* l'abbé Maury, la *Cabreuse ;* Thouret, le *Foudroyant ;* Bailly, l'*Heureux.*

Billot s'arrête un instant à écouter ces

attaques, plus vertes que spirituelles, puis il se glisse à droite contre la muraille, et disparaît dans les groupes.

Sans doute, au milieu de cette foule, il a trouvé ce qu'il cherchait ; car, après avoir disparu d'un côté du groupe, il ne reparaît point de l'autre.

Voyons donc, en y pénétrant à la suite de Billot, ce que cache ce groupe.

Une porte basse surmontée de trois lettres, trois initiales tracées à la craie rouge, et qui, sans, doute symbole de réunion pour cette nuit, seront effacées le lendemain matin.

Ces trois lettres sont un L, un P et un D.

Cette porte basse semble une allée de cave; on descend quelques marches, puis on suit un corridor sombre.

Sans doute, ce second renseignement confirmait le premier, car, après avoir regardé avec attention les trois lettres, signe de reconnaissance insuffisant pour Billot, qui, on se le rappelle, ne savait pas lire, le fermier avait descendu les marches en les comptant au fur et à mesure qu'il les descendait, et, arrivé à la huitième, il s'était hardiment engagé dans l'allée.

Au bout de cette allée tremblait une

pâle lumière ; devant cette lueur, un homme assis lisait, ou faisait semblant de lire une gazette. — Au bruit des pas de Billot, cet homme se leva, et, un doigt appuyé sur la poitrine, il attendit.

Billot présenta le même doigt replié, et l'appuya comme un cadenas sur sa bouche.

C'était probablement le signe de passe attendu par le mystérieux concierge, car celui-ci poussa, à sa droite, une porte parfaitement invisible quand elle était fermée, et fit voir à Billot un escalier à marches raides et étroites qui plongeait sous la terre.

Billot entra. La porte se referma

derrière lui, rapide, mais silencieuse.

Le fermier, cette fois, compta dix-sept marches, et, arrivé à la dix-septième, malgré le mutisme auquel il semblait s'être condamné, il se dit à lui-même et à demi-voix :

— Bon ! j'y suis.

Une tapisserie flottait à quelques pas de là devant une porte ; Billot alla droit à cette tapisserie, la souleva et se trouva dans une grande salle circulaire et souterraine où étaient déjà réunies une cinquantaines de personnes.

Cette salle, nos lecteurs y sont déjà

descendus, il y a quinze ou seize ans, sur les pas de Rousseau.

Comme au temps de Rousseau, les murailles en étaient tapissées de toiles rouges et blanches sur lesquelles s'entrelaçaient le compas, l'équerre et le niveau.

Une seule lampe pendue à la voûte jetait une lueur blafarde qui portait sur le milieu du cercle et y répandait une certaine lumière, mais qui était insuffisante à éclairer ceux qui, désirant n'être pas reconnus, se tenaient à la circonférence.

Une estrade sur laquelle on montait par quatre degrés attendait les orateurs ou les récipiendiaires, et, sur cette estrade, dans sa partie la plus rapprochée du mur, un bureau solitaire et un fauteuil vide attendaient le président.

FIN DU SEPTIÈME VOLUME.

TABLE

DU SEPTIÈME VOLUME.

Chap. I. La grande trahison de M. de Mirabeau.   1
II. L'Elixir de vie.   27
III. Au-dessous de quatre degrés, il n'y a plus de parents.   51
IV. Une femme qui ressemble à la reine. .   81
V. Où l'influence de la dame inconnue commence à se faire sentir.   109
VI. Le Champ-de-Mars.   157
VII. Où l'on voit ce qu'était devenue Catherine, mais où l'on ignore ce qu'elle deviendra.   159
VIII. Le 14 juillet 1790.   177
IX. Ici l'on danse.   213
X. Le rendez-vous.   261
XI. La loge de la rue Plâtrière. . . .   294

Sceaux, Impr. de E. Dépée.

OUVRAGES D'ALEXANDRE DUMAS, TERMINÉS.

OLYMPE DE CLÈVES
9 volumes.

CONSCIENCE
3 volumes.

MES MÉMOIRES
6 volumes.

LE VÉLOCE
4 volumes grand in-8, avec gravures.

ANGE PITOU
8 volumes.

LE TROU DE L'ENFER
4 volumes.

DIEU DISPOSE
Suite du *Trou de l'Enfer*. 6 volumes.

HISTOIRE D'UNE COLOMBE
2 volumes.

LOUIS SEIZE
5 volumes.

LES MARIAGES DU PÈRE OLIFUS
5 volumes.

LA FEMME AU COLLIER DE VELOURS
2 volumes.

LES MILLE ET UN FANTOMES
2 volumes.

LA RÉGENCE
2 volumes.

LOUIS QUINZE
3 volumes.

LE COLLIER DE LA REINE
11 volumes.

LA COMTESSE SALISBURY
6 volumes.

Impr. de E. Dépée, à Sceaux.